王健——著

债券交易
技术分析

# 交易

TRANSACTION

Technical
Analysis
of
Bond
Trading

机械工业出版社
China Machine Press

图书在版编目（CIP）数据

交易：债券交易技术分析 / 王健著 . -- 北京：机械工业出版社，2022.6
（笔记哥讲债市）
ISBN 978-7-111-70783-7

I. ①交⋯ II. ①王⋯ III. ①债券投资 IV. ① F830.59

中国版本图书馆 CIP 数据核字（2022）第 081007 号

本书介绍了作者用于投资的技术分析方法——"区块链"分析法，通过划分"区块"和"链"，使得市场趋势能够被有效分析与把握，帮助投资者判断入场点和出场点。其在形式上是"进二退一"的运用，背后的内涵是顺大势、逆小势，是对人性弱点的把握，是对能力范围外的钱的彻底放弃，是对交易体系的彻底执行。投资，要做趋势的朋友，顺势而为，不追求体系的完美，只赚看得懂的钱，严格止损。

# 交易：债券交易技术分析

出版发行：机械工业出版社（北京市西城区百万庄大街 22 号　邮政编码：100037）

责任编辑：杨熙越　　　　　　　　　　　　　责任校对：殷　虹

印　　刷：涿州市京南印刷厂　　　　　　　　版　　次：2022 年 7 月第 1 版第 1 次印刷

开　　本：170mm×230mm　1/16　　　　　　印　　张：10

书　　号：ISBN 978-7-111-70783-7　　　　　定　　价：59.00 元

客服电话：（010）88361066　88379833　68326294　　　投稿热线：（010）88379007
华章网站：www.hzbook.com　　　　　　　　　　　　　读者信箱：hzjg@hzbook.com

## 致我的儿子知、女儿一

　　人生就是一场旅行，未来你们会遇到各种交易，但一定要铭记自己的原则，知行合一，顺势而为。

投资技巧有很多，但主要分为两大流派：价值派和技术派。价值派研究的对象是某一标的本身的价值，从基本面分析出发，挖掘其中蕴藏的机会，更偏左侧。技术派研究的对象不是标的，而是市场的波动，从人的心理出发，挖掘价格走势背后的价值，更偏右侧。

笔者在十多年前上大学时，开始进入资本市场炒股。起初，因为身处牛市，买什么赚什么。后来遇到了熊市，恐惧和痛苦驱动着自己反思和学习，试图找到财富的密码。白天盯盘，晚上看书。当时基于基本面分析的价值投资尚未流行，主流的分析方法还是技术分析，但巴菲特的理念已经受到不少人的追捧。笔者也在大潮之下学习了技术图形、技术指标、波浪理论等各种技术方法，什么头肩顶、双重底，什么MACD、布林线，什么波浪理论、黄金分割线，等等，然而结果并不如意。在看书时觉得太神奇了、太有道理了，但一放下书实战，就又回到了亏损的状态，苦不堪言。比如波浪理论，最难的就是数浪，拿着历史 K 线图看，完美契合，但去预判未来时，却又常常打脸。正所谓"千人千浪"，照猫画虎太难了。

后来，带着无数疑问，从事了债券投资交易工作，从债券投资的基本面分析开始做起。在开始的几年里，只要把握住宏观和政策的大趋势，就很容易把握债券投资的大波段。从库存周期或金融周期的角度看，一般是三四年一个轮回，债券市场也就有了"牛一年，平一年，熊一年"的基本规律。然而，2011 年之后，随着投资者的不断丰富，债券市场的波动较之前明显加大，交易属性也越来越强。尤其是利率债的投资，内卷更加严重，人们更多是为了获得资本利得，而不仅仅是那点票息收入。

笔者将在股票市场中学习到的技术分析方法，尝试性地运用到了债券的投资交易中，取得了不错的效果。经过不断地实践，化繁为简，逐渐总结归纳出了一套自己的技术分析方法——"区块链"分析法。该方法不仅适用于股票市场和债券市场，在期货市场也得到了检验。当然，该方法并不是孤立地使用的，如果能与笔者的另一本书《应对》⊖结合运用，在实战中放平心态，会取得更好的效果。

---

⊖ 《应对：债券投资心理与行为》，已由机械工业出版社出版。

# | 目 录 |

# 第 1 章

# "区块链"分析法基本原则

"区块链"分析法有几个关键点：

（1）任何 K 线波动，都可以分解为"区块"和"链"。

（2）区块不翻越，趋势不改变（区块不翻 – 趋势不变）；区块一翻越，趋势就改变（区块翻越 – 趋势反转）。

（3）"区块翻越 – 趋势反转"的分类：①区块自我突破（简称区块内破）；② V 字外部突破（简称 V 字外破）。

（4）"区块链"入场原则——回踩，支撑，突破；出场原则——横盘，假假，二次。

## "区块链"分析法基本原理

### "区块链"策略

#### 1."区块链"策略基本概念

任何资产价格涨跌的 K 线图，都可以分为横盘震荡的"区块", 及突破震荡区间后形成的趋势"链"。我把它形象地称为"区块链", 这跟 IT 领域里的区块链没有任何关系, 只是一个化繁为简的形象比喻罢了。以此为基础, 可以衍生出更加强大的"区块链"策略。

例如, 牛市收益率下行的过程, 一定是由区间震荡和向下突破组成的, 也就是说, 收益率下行的过程, 是由一段段的"区块"和"链"组成的。每一段区间的阻力位和支撑位都是可以根据历史数据划出的, 我们可以通过这些市场自然形成的阻力位和支撑位, 把"区块"划出来。当收益率顺利向下突破阻力位时, 我们就假设趋势延续, 利率还要继续下行, 并挑战更低的阻力位, 以此类推; 当收益率受到阻力并向上回调时, 又会有支撑位, 如果向上突破支撑位, 就假设还会向上并寻找新的支撑位, 直至回调受阻(见图 1-1、图 1-2)。为什么是"假设"? 因为任何策略都是一个概率, 任何操作都是一次尝试。对了, 持有; 错了, 止损。

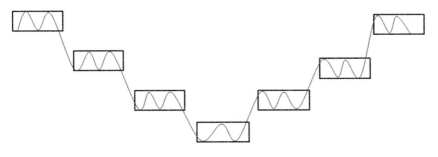

图 1-1 "区块链"策略简要示意图

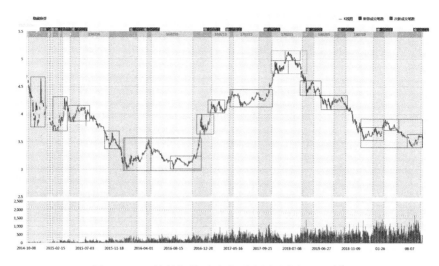

图 1-2 "区块链"策略实盘示意图（十年国开债）

容易形成阻力位或支撑位的区间和点位有：①窄幅横盘震荡区；②成交密集区；③阶段性最高点或最低点；④整数点位。

确立区块上下限有几个原则：

（1）先找最近的阶段性最高点和最低点，然后再往前推，越是多个历史重要点位重合，区块上下限的有效性就越强。

（2）结合人的心理，一般取 5 的整数位，如 3.55%、3.60%、3.95%、4.00%、95%、100% 等。

（3）如果有多个历史最高点或最低点相差在 5bp 以内，可归到一个阻力位或支撑位；如果正好在 5、0 的整数位附近，就取 5、0 的整数位。

**2."区块链"对趋势的划分**

（1）用"区块链"划分季节

夏天即牛市，泛指利率下行、价格上涨的趋势，空间有大有小。后一个独立区块的区间上限不能高于前一个区块的区间下限，即区块不重合。此处的上限、下限均指债券收益率，后同。

冬天即熊市，泛指利率上行、价格下跌的趋势，空间有大有小。后一个独立区块的区间下限不能低于前一个区块的区间上限，即区块不重合。

上述"独立"，是指区块区间不重合、脱离粘连、中间有"链"。

（2）"趋势改变–趋势反转"的分类

1）区块内破

举例说明，在收益率趋势性下行的过程中，自然震荡形成区块之后，如果收益率向上突破了区块的上限，那就说明"区块翻越，趋势反转"了（见图1-3）。收益率向下突破下限同理（见图1-4）。

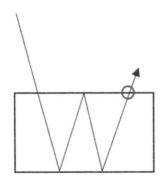

图1-3　向上区块内破

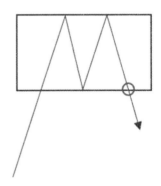

图1-4　向下区块内破

2）V字外破

举例说明，在收益率趋势性下行的过程中，如果市场在突破区块下限后，并没有在新的空间上形成新的区块，而是 V 字掉头上行，向上突破前区块的下限，就代表"区块翻越，趋势反转"（见图 1-5）。收益率向下突破上限同理（见图 1-6）。

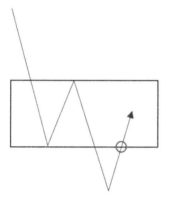

图 1-5 向上 V 字外破 　　 图 1-6 向下 V 字外破

在牛市中，区块顶部是下降的；在熊市中，区块底部是抬升的（均指债券的收益率的变化，价格则相反）。而且，按照"区块链"策略的定义，在趋势性行情中，回撤的最大点位不能进入到前区块区间，一旦刺穿就代表"区块翻越，趋势反转"。

在一波大的趋势中，回调幅度超过 20bp 的中幅调整为一个"区间震荡"。在大牛市的下行趋势中，每一波回调的最高点位不会穿越上一次区间震荡的下限。如果开始宽幅横盘，形成大区块，那就代表趋势减弱了，市场可能进入了"秋天"的横盘行情，这个时候就需要拿分析框架体系中的各个信号对市场做一次"体检"，以此来进一步分析确认。当然，即使"区块链"策略和分析体系均确认"秋天"到来，也可能会有变化。例如，2015 年上半年，债市已经进入"秋天"横盘行情，但 6 月份的股市大跌让债牛再度开启；2019 年，债市全年处于"秋天"行情；2020 年的新冠肺炎疫情让央行再度放水，债牛再次开启。所以，要抛弃任何形式的预测，因为我们完全无法预测"黑天鹅"什么时候出现，我们能做的，只有顺大势去应对。如果收益率向上自我突破了"秋天"这个大区间震荡的上限，那就代表"秋去冬来"，即"区块翻越–趋势反转"；而如果向下自我突破了大区间震荡的下限，那就代表"夏天"趋势延续，之前的震荡只是夏天里的一次坏天气而已。

### 3."区块链"策略基本原理

在人性弱点"涨了，有恐慌""跌了，有希望"的驱动下，大家总是在信号还没有出现时，就按捺不住自己的情绪，去抢顶，去抄底。我们可以运用"区块链"策略，来抑制抢顶和抄底的冲动。

"区块链"策略的原则是：不预测，只应对。这需要我们等待，让市场来告诉我们趋势的开始和结束，而不是自己去臆想。无论是上行的趋势，还是下行的趋势，在开始和结束之前，绝大多数时候都会先震荡，即形成 W 底或 M 顶，或者上下震荡次数更多的区块，然后才会再次选择方向。

先说下行趋势的 W 底。在收益率下行后刚开始阴上时，不要着急卖出，因为这可能是下行趋势中的一次假调整，就像 2018 年 11 月下旬，国债收益率短暂回调后继续下行。如果一回撤便卖出，就会踏空后面的行情。另外，如果收益率真的见底了，第一次调整只是 W 底的左半部分，而这一次调整不是用来交易的，是确认底部波动区间用的，即 W 底左侧不是用来做交易的，而是用

来给区间定盘的，后面要拿这个确认的区间来画出 W 底的上下阻
力线。在后面的行情中，如果收益率第二次下行时并没有突破 W
底左侧形成的区块下限，即收益率没有再创新低，就说明多头仓
位未被证明正确，此时只要收益率由区间下限开始阴上，就先试
盘性卖出做空；如果收益率继续上行，并向上突破区块上限，就
说明试盘性空头仓位被证明正确，就要在盈利仓位上加仓，即加
仓卖出做空（见图 1-7）；而如果收益率向下突破区间下限，就说
明下行趋势的调整未被证明正确，就要空头平仓做多。

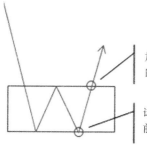

图 1-7　W 底操作示意图

对于 M 顶，其左半部分同样不是用来做交易的，而是用来给
区间定盘的，即用来确定区块区间上下限的，具体操作见图 1-8。

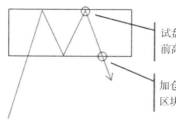

图 1-8　M 顶操作示意图

以上是基本操作策略，图1-9、图1-10所示是衍生组合策略。

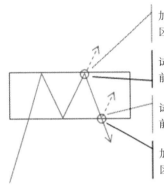

加仓卖出
区块上限被破，空头仓位被证明正确，在盈利仓位上加仓

试盘性买入
前高未破，空头仓位未被证明正确，空头平仓

试盘性卖出
前低未破，多头仓位未被证明正确，多头平仓

加仓买入
区块下限被破，多头仓位被证明正确，在盈利仓位上加仓

图 1-9　M 顶衍生操作示意图

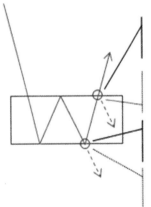

加仓卖出
区块上限被破，空头仓位被证明正确，在盈利仓位上加仓

试盘性买入
前高未破，空头仓位未被证明正确，空头平仓

试盘性卖出
前低未破，多头仓位未被证明正确，多头平仓

加仓买入
区块下限被破，多头仓位被证明正确，在盈利仓位上加仓

图 1-10　W 底衍生操作示意图

为防止假突破造成频繁操作、左右打脸，有以下几点操作细节：①定盘区间取最高价、最低价；②突破点位取收盘价。

收益率区间下限支撑住向上，就试盘卖出做空，突破上限就加仓做空，未突破又掉头就平仓。

收益率区间上限支撑住向下，就试盘买入做多，突破下限就加仓做多，未突破又掉头就平仓。

所以，无论是一波大的趋势性牛市行情，还是一波中幅的阶段性下行，都没必要犯"涨了，有恐慌"的人性弱点错误，完全可以让市场告诉你底部在哪里，因为市场较少发生 V 字反转。市场会先探出个底来，再调头下来进行二次甚至三次探底。我们真正需要的是，在第二次或第三次波动突破这个区间时，根据第一次形成的区间，做具体的决定：向上突破上限就卖出做空，向下突破下限就买入做多。即使发生了 V 字反转，也可以参考前一区块来判断区块是否翻越，并做出相应的操作。

例如：2014 ~ 2016 年的大趋势性行情可以分为两段，2014 年 1 月 ~ 2016 年 1 月趋势性牛市的"夏天"行情，2016 年 1 月 ~ 2016 年 10 月横盘震荡的"秋天"行情。当收益率在"夏天"中狂奔时，坐稳扶好，满仓后安心持仓等待，不要犯人性弱点错误，整天诚惶诚恐地想落袋为安，要等待市场告诉你底部在哪儿。不需要你自己猜底部在哪里（这也是"不言顶，不测底"原则的基础），市场会告诉你的。在 2016 年 1 月十年国开债收益率探底 3.0% 之前，有谁能真正想到那波牛市会那么疯狂地到达这个位置。如果根据此前"牛一年，平一年，熊一年"的历史规律，那轮趋势性牛市在 2014 年底就应该结束了。但那波牛市却打破历史规律，牛了整整两年，利率底部一次次打破人们的预期，以至于当时某大券商卖方旗帜鲜明地喊出"零利率"。不过就当大家以为中国真的要走向零利率时，熊市反而来了。经此一役，我把"不言顶，不测底"的原则纳入了自己的投资体系。

　　回到前面的例子，2016 年 1 月份利率债基本见底，2016 年 4 月份的中幅调整，两者完成了"秋天"里区间上下线的正式确认。那么，在不考虑分析框架体系中季节信号预警的前提下，仅根据"区块链"季节趋势划分原则，最晚可以在 2016 年 12 月 6 日，十年国债收益率上破于 2016 年 1～4 月形成的"秋天"区间的上限时（发生了区块翻越），正式确认趋势性熊市到来（见图 1-11）。虽然这比真正的拐点晚了一些，但也可以作为确认"秋去冬来"的一个非常重要的技术信号。回过头来，可以用分析框架体系中的其他季节信号来加以理解和进一步确认。

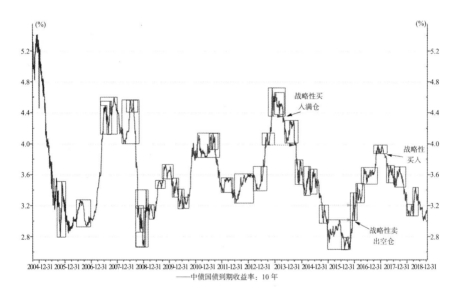

图 1-11　十年国债历史"区块链"图

　　当然，也确实有 V 字或倒 V 字直接反转的，遇到这种情况，我们不能傻傻地等待区间自然形成，而要事先找到历史上的阻力线，根据能否突破该阻力线，做出相应的买卖抉择。假设市场并没有形成 M 顶，而是倒 V 字直接调头向下，如果我们一直等待 M 顶的形成，将错失很多入场的机会。还有一种情况是，行情既没有自然形成 M 顶或 W 底，又没有到达事前找到的阻力线，而是直接倒 V 字反转，但在到达阻力线之前，就开始横盘震荡，形成震荡区间，也就是没有在顶部形成区间，而是在下行一段但又未到达阻力线之前，形成了波动区间，这时，就应该以新的区间为基础，画出上下限，以此为依据，在突破上限或下限时，做出相应的买卖操作。所以，这需要我们有三手准备：事前，根据历史数据或区间，找到阻力线；事中，等待市场自然形成顶部的波动区间；事后，在 V 字反转后、遇到阻力线前，形成区间震荡。

## 区块取整法与区块实值法

在确定区块区间时，为避免频繁左右打脸，收益率就取两位数，以 5bp 为步长，尾数只取 0 或 5，超出 5 的取 0，超出 0 的取 5。

例如：收益率下行最低至 3.09%，下行超过了 3.10%，那么下限就取 3.05%；收益率下行最低至 3.03%，下行超过了 3.05%，那么下限就取 3.00%。

同样，收益率上行最高至 3.61%，上行超过了 3.10%，那么上限就取 3.65%；收益率上行最高至 3.58%，上行超过了 3.55%，那么上限就取 3.60%。

当然这种取整的区块定位法，只适用于确定最后的入场、出场位，并不是唯一的选择，也可以采用取实际的最低、最高点的方法。这两种方法各有利弊，取整法容错空间略大，可减少左右打脸次数，却可能多付出一些容错观察成本；实际点位法更加精确，可使入场、止损及时，没有额外的观察成本，却可能增加左右打脸的次数。不过两者也不矛盾，可以用于确定第一道和最后一道入场、止损线。

另外，要用最活跃的券来确定区块区间。当市场不活跃时，市场就容易出错。在实际交易中，十年国债现券并不是最活跃的，这就导致其并不能有效、真实、充分、准确、及时地反映市场中的所有信息和情绪。因此，对于区块区间的确定，不能仅看十年国债，还要参考国债期货以及十年国开债，这样"区块链"原则才能更加有效。

# 胜率与盈亏比

## 怎么赚"区块"上的钱

做趋势者，亡在震荡；做震荡者，亡在趋势。如果我们是只追高做趋势的交易者，那么，在趋势出来之后，就要顺势去追，待趋势反转后获利了结。顺势操作的前提假设是，趋势一定要延续。一旦市场开始震荡，涨了追、跌了卖的操作就正好与市场波动相反，最后左右打脸。而对于只做震荡行情的交易者来说，他们的操作是跌了逆势入场、涨了逆势卖出，在震荡中逆势操作获利。而如果大势已经不再是横盘震荡，而是趋势性上涨，那么，在你获小利卖出后，市场继续上涨，就会完全把你甩掉，你也将完全踏空整个趋势性行情。总的来看，这两种操作手法各有优劣势,不能只用一种。我们将两者结合起来,就是"顺大势,逆小势"。既要在顺大势的大前提下,赚到趋势的钱,也要在横盘震荡中逆小势,赚到"区块"的钱。

趋势中最大的陷阱是震荡。震荡占据了一轮牛熊周期的一多半时间,所以我们必须对震荡的"区块"加以重点研究。在"区块链"策略中,"区块"是一个复杂的过程,风险与机会在此汇聚,真假突破和真假支撑在此交替,人性弱点在此暴露无遗。就像十字路口一样,它是路况最复杂的地方(见图 1-12)。而"链"则相对简单,是单边上涨或下跌的过程,人性弱点在这个阶段反而不容易发酵,"对了,赚了"的投资者一般不会在这个过程中犯错,反而会更为坚定,"错了,亏了"的投资者也有可能在情绪的带动下得到修正。

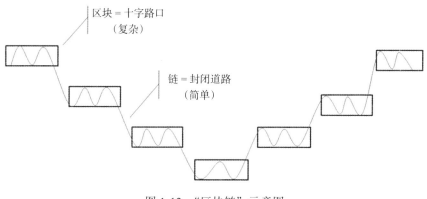

图 1-12 "区块链"示意图

趋势性牛市或者熊市总是由"区块"和"链"组成的,如果我们只赚"链"的钱,空间会较少,可能只会赚到一半,甚至更少。因为在一波大的趋势性行情中,一半是"区块",一半是

"链"。甚至可能连一半的空间都赚不到，因为有的趋势本来就是由一个个"区块"堆积而成的，根本就没有拉开"链"的距离。所以，我们不但要赚"链"的钱，还要去赚"区块"的钱，要把整体趋势的钱都赚到，不能轻易被震下车。

首先，按照最直观的"区块链"策略来划分大的季节。其次，用分析框架体系中的八大信号，给整体行情做个"体检"，看是否与"区块链"定位相一致。如果定位行情处于"夏天"之中，那么就要赶紧买，直到满仓；如果定位行情处于"冬天"之中，就要赶紧卖，直到空仓。

在赚大趋势的钱的这个过程中，最容易犯的错误就是"涨了，有恐慌"。开始时，还觉得没有踏空多少，还能下得了手去买入，但是，随着收益率的下行，"涨了，有恐慌"的人性弱点就会越来越强烈，后面就不敢再下手继续买了，会觉得已经下行这么多了，还能下行吗？或者一开始就踏空，越往后越不敢下手。一是后悔之前没有重仓甚至就没有建仓；二是害怕市场随时反转，一买就被套。往往最后，在价格继续上涨中，终于狠下心来下手，却不幸买在拐点。我们就是因为怕犯这种错误，才越涨越不敢买。假设我们知道后面还有很大空间，就一定不会害怕，最多只是后悔没有买在价格最低点，但绝不会在意识到还有很大空间时，没胆量下手去买。就像大家买房子，也许你会后悔没有在10年前甚至5年前的低点去买，但如果你知道未来房价还会上涨，当下的你一定不会在此时持币观望、犹豫纠结，而会立刻动手去买。之所以涨了有恐慌不敢买，是因为没有参照物，就像我们走入茫茫沙漠一样，一眼望不到边，迷失了方向，没有参照物，自然就会心生恐惧。

我们确实不知道或者不敢肯定，债券的价格未来会不会继续上涨，我们也无须预测未来到底涨还是不涨，但我们可以拿"区块"作为参照物，借助历史区块，把行情分成一个个区块，按照"区块链"策略进行应对，只要严格执行，就可以把风险锁定在一个个区块之内。具体可采取这样的操作：在遇到支撑时试盘，突破就加仓，不突破就平仓，以此来避免"涨了，有恐慌"这一人性弱点。因为区块的上下限，让我们判断未来的市场涨跌有了参照，也能在此策略下匡算出盈亏比，而不是两眼一抹黑，全靠感觉入场。

"涨了，有恐慌"这个人性弱点让人容易犯的几个错误是：①空仓时，开始还敢买，越往后，越回头，越下不了手，越不敢再加仓，而随着市场继续上涨，最终忍不住下手了，却真的买在了顶点；②持仓时，一有回调就被震下车。

"跌了，有希望"这个人性弱点让人容易犯的几个错误是：①空仓时抢顶；②持仓时死扛。

跌了，有希望，空仓时容易抢顶。在下跌的"链"上，因为大家都还是比较恐慌的，并不容易去抢，反而是一旦市场有一点回暖，就特别容易冲进去，以为下跌结束了，赶紧买。这跟"涨了，有恐慌"的弱点是相对应的，持仓时，在上涨的"链"上还不容易卖出平仓，大家还知道让利润飞，而一旦市场出现调整，就立刻吓得赶紧落袋为安跑了，这就是人们常说的"被震下车"，先有震荡，才有下车，没有震荡，还不太会下车。这两个弱点是相通的，即当你持仓（多头、空头）时，在"链"上不容易犯错，最容易犯错的地方是在震荡的"区块"上。在市场下跌（收益率上行）过程中，空仓时，为了不被短暂的假回暖骗上车，我们不要等待回暖的点位，而要等待回暖的区间，即等待左侧区块区间的形成。如果是假回暖，不久就会突破收益率上限区间，如果是真回暖，收益率就会在区块区间上限得到支撑而再次选择下行，这时我们再买入做多。越大级别的下跌，筑顶时间越长，筑顶空间越大。所以，不要被一两天的回暖骗上车。同样，在市场上涨（收益率下行）过程中，持仓时，为了不被短暂的假调整震下车，我们不能一有回调，就诚惶诚恐地被吓得立刻卖出，而是要耐心等待区块区间的形成，然后再根据"在遇到支撑时试盘，突破就加仓，不突破就平仓"来进行相应的操作。时间越短，情绪影响越大，随机性越强，波动越混沌。

只要区块不翻越，就代表原有趋势未反转，就可以继续顺势持仓（多仓、空仓）。例如，在牛市收益率趋势性下行的行情中，我们也不知道趋势什么时候结束，如果仅从技术图形特点上看，要么区块自我向上突破上限，要么 V 字外部突破前区块下限，在此之前，无须惊慌，安心持仓即可。当然，大趋势有大的区块（大的牛熊趋势一般在 20bp 以上），小趋势就可以细分成小的区块；大趋势对应大底仓配置盘，小趋势则对应小仓位交易盘。

另外，在区块的波动中，有"事不过三"的小规律。无论是短线的日间波动，还是中长线的大趋势波动，市场在左侧形成"区块区间"后，探顶或探底一般不会超过三次。如果第一次探底未成功，就可能来第二次，如果第二次还没有成功，那基本可以确认这个底不会破了，向上的概率更大。探顶同理。

## 胜率 VS 盈亏比

与盈亏比相对应的一个概念是胜率。胜率很容易理解，就是赢的次数的占比，10 次中有 6 次赢，胜率就是 60%。投资中，如何提高胜率？最有效、最简单的方法就是顺大势。何为大势？大势就是大概率事件，大概率事件就代表大胜率。大道至简，每个人都知道顺势而为，却忽略了顺势本身就是在做胜率大的事。一笔交易，如果顺大势，即使入场点位差，浮亏也是暂时的，很快大势就会抹平你的亏损，时间是你的朋友；而如果逆大势，即使入场点位好，浮盈也是暂时的，很快大势就会抹平你的盈利，时间是你的敌人。

胜率是赢的次数的占比，而盈亏比则是赢的大小。盈亏比，是平均盈利 ÷ 平均亏损，对单笔交易来讲，就是"盈利空间 ÷ 止损空间"。盈亏比大于 1，这笔交易才有意义。如果我们做 10 笔交易，总盈利 200 元，总亏损 100 元，那么，总盈亏比就是 200 ÷ 100=2。对于单笔交易来讲，不看结果，只看预期，因为结果只有一个，要么赚要么亏。所以在入场之前，我们要做好交易计划，止损位在哪儿，止盈位在哪儿，都要有个预判。止损空间越小，止盈空间越大，盈亏比越大。假设一笔交易预设的止损空间是 10bp，止盈空间是 20bp，那么，这笔交易的预期盈亏比就是 20 ÷ 10=2。

做任何生意都有成本，有时间成本、经济成本、财务成本、沉没成本等。做投资也是一样，要想赚钱，就必然要付出一定的成本，这个成本不是指投资的本金，而是指每笔交易（买卖）你能够接受的最大亏损。这是入场之前必须考虑好的问题，如果入场之前连止损位都没有设，那就像计算机没装杀毒软件一样。做投资久一些的人，在入场前一般都会设置一个止损位。然而，多数人只会考虑入场去赚钱，但对到底能赚多少或者可能赚多少，则完全没有概念，因为完全不知道自己的能力边界到底在哪里，只是无知无畏地往前冲。如果只有一个赚钱的理想，而没有一个盈利的大概空间，那就没法给一笔交易算盈亏比，也就是我们完全不知道这笔交易的性价比大不大。假设我们在菜市场卖菜，批发之前一定要知道两件事：一是进货之后、售完之前可能的折损成本；二是现在的零售价是多少，即这批菜我们大概能赚多少。这样我们才能知道这笔买卖值不值得去做。折损成本一般都是有一定比例的，相对比较固定，而盈利空间在未来会因为菜价波动而有很大的变化。虽然有很多不确定性，但是，我们在做这笔生意时，还是要有一个大概的匡算，否则，我们对一笔买卖的性价比都稀里糊涂的，这笔买卖又怎么去做？

卖菜尚且需要计算性价比，我们拿钱专门做钱的生意，更要有这样的概念。入场时，止损空间设置多大，这个我们完全知道，但盈利多少，却无法确定。正是因为盈利空间没法确定，所以多数人就不设盈利空间甚至不想这个问题，只是跟着感觉入场，反正目标就是赚钱，但能赚多少，完全不知道。这既是一种无知，也是一种贪婪，美其名曰"让利润飞"，赚钱不封顶。但实际结果会变为，本来是赚钱的，但因为没有止盈，最后盈利单变成了亏损单，含恨出局；或者本来可以让利润飞，结果早早被震下车，懊悔踏空。这都是没有匡算盈利空间的结果。其实，与其说没有匡算，还不如说是没有能力匡算。

那么，如何去匡算一笔交易可能的盈利空间呢？这需要建立一套投资体系，例如本书中所讲的"区块链"策略，在这个体系中，我们能匡算出可能的盈利空间或者说是止盈点位。你能看得懂的行情、匡算出的盈利空间，就是你的能力边界。当然，市场价格永远都是在变的，即使是卖菜的生意，价格也有很大的可能在进货后暴跌，抑或暴涨，我们完全无法控制，但我们又必须在有限的认知内，框出一个价格。如果入场后你错了，按照计划止损，如果你对了，按照计划止盈。如果止盈后，价格还在继续上涨，那么，后面的赚钱空间已经不是你能力范围内的事了，也无须遗憾，未来可以通过不断地扩展自己的能力边界，完善自己的投资体系，来扩展我们的赚钱能力。

## 入场、出场原则

趋势分为技术趋势和资金趋势。技术趋势是明线，资金趋势是暗线、主线。

顺大势，除了要顺应市场价格涨跌这条明线，还要顺应资金面这条决定市场涨跌的主线和暗线，不以资金为敌、不以央行为敌。

越接近区块上下限的逆势操作，盈亏比就越大。

## 顺大势

**1. 顺大势，逆小势（大胜率 + 大盈亏比）**

（1）一次回踩（区块外一次回踩）

入场时点：一次回踩前区块时，以前区块上下限为支撑线，在趋势行情中，回调至该线时，可"顺大势，逆小势"地操作（见图 1-13、图 1-14）。

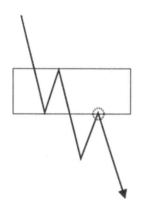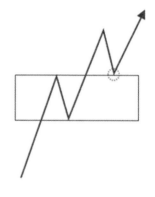

图 1-13　下行趋势一次回踩　　　　图 1-14　上行趋势一次回踩

适用范围：原趋势继续。

出场时点：未被证明正确（时间止损），无（顺大势无须时间止损）。被证明错误（空间止损），假支撑，平仓或反手。被证明正确（止盈），即趋势延续——①继续加仓操作，即突破后加仓；②自然形成最新区块，二次探底或探顶时，或者自我突破反转时，止盈平仓。

解释说明：市场已经在一次震荡中自然形成了一个区块区间，在突破之后，如果回踩前区块的阻力线，即可顺大势逆小势地进行操作。

　　当大趋势表现较为强劲时，即使出现短暂的回调，市场也还会继续沿着大势运行。我们可以以前区块被突破的阻力线为支撑线，当市场在突破前区块区间后第一次回踩这根线时，顺大势逆小势入场。我们不必非要等待市场自然形成区块区间后，在二次探顶或探底时才去做相应的操作，而是利用前区块区间的上下阻力线，在突破之后回踩时，大胆地去操作。因为"顺大势"已经确保了操作是大胜率的，再结合前区块区间的支撑作用，有了可参照性，就提高了盈亏比。如果是逆大势，就不能在首次回调时操作，但如果是顺大势，在大胜率护航下，可以在首次调整回踩前区块时，"顺大势，逆小势"地去操作。

　　具体操作：当收益率下行趋势形成后，不要犯人性弱点"涨了，有恐慌"的错误，一有震荡就把自己震下车了。从"区块链"策略上看，只要没有发生区块翻越，即"V字外破"或"区块内破"，就不要在第一次回调上行时卖出做空，要么持仓等待，要么回踩加仓。我们可以以前区块区间下限为回踩支撑位，当收益率第一次回调上行至该位置附近时，勇敢地买入做多。即使真的发生了"V字外破"反转，在收益率上破支撑位、发生区块翻越时，也可以反手平仓，而不是被市场情绪以及人性弱点所驱使，被震荡下车。

　　当收益率上行趋势形成后，不要犯人性弱点"跌了，有希望"的错误，去做希望交易，总想去抢顶。从技术层面上看，只要没有发生区块翻越，即"V型外破"或"区块内破"，就不要在第一次回暖下行时做多，要遵循"首次回调不逆势"。我们以前区块区间上限为市场回踩的支撑线，当收益率回暖下行至这条线附近时，即可"顺大势，逆小势"地卖出做空，即使错了也不怕，因为我们有高盈亏比。如果收益率下行突破前区块区间上限这条回踩支撑线，即发生了"V字外破"，代表趋势已经翻转，此时就不卖出做空了，而是要反手做多。

（2）二次支撑（区块内顺势支撑）

入场时点：区块内，二次探顶或探底区块上限/下限，得到支撑开始顺大势调头时，操作（见图1-15、图1-16）。

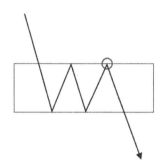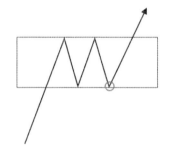

图1-15　下行趋势二次支撑　　　　图1-16　上行趋势二次支撑

适用范围：趋势延续，区间震荡。

出场时点：未被证明正确（时间止损），无（顺大势无须时间止损）。被证明错误（空间止损），假支撑，平仓或反手。被证明正确（止盈），即趋势延续——①继续加仓操作，即突破后加仓；②自然形成最新区块，二次探底或探顶时，或者区块自我突破反转时，止盈平仓。

解释说明：在趋势性行情中，常常会出现不同级别的回调，如果回调直接触碰前区块的边缘，那就直接使用"一次回踩"策略，顺大势入场即可。但很多时候，回调并不会与前区块有交集，而是在新的空间上，形成新的区块，在新区块与前区块之间，自然就形成了"链"。那么，对于这种有"链"、没有回调至前区块的情况，在第一次回调时，不做任何操作，就是要等待市场自然形成新区块，之后，我们再以新区块的上下限为参考依据，做相应的操作。

"二次支撑"的顺势入场策略，不但有大胜率加大盈亏比，而且从心理层面上，人们也更容易接受，因为小势的回调会让人性弱点"跌了，有希望"发挥作用，所以在执行该策略时，会更加容易些。

具体操作：以收益率趋势下行中的调整为例，首次回调时，我们不参与，这只是确认区块的过程。确认好区块区间，或者依据前密集成交的关键点位确立好区块区间后，当收益率二次探顶区块区间上限或者上行至关键点位的区块区间上限时，即可顺大势逆小势地买入做多。越在接近区块上限时做多，盈亏比越大。至少要在中小调整区块区间的上 1/2 逆小势做多，因为这时的盈亏比会大于 1。如果入场错了，收益率的调整不是牛市的中场休息，而是趋势结束的反转，即发生了"区块内破"，那么，我们就在收益率向上突破时，反手做空或多头平仓。如果入场对了，收益率继续下行，那么，我们就在下行突破区块下限时进一步加仓，并且等到收益率在新的空间上形成新区块，发生区块翻越、趋势反转时，再止盈出场。

以收益率趋势上行中的回暖为例，首次回调时，我们不参与，这只是确认区块的过程。确认好区块区间，或者依据前密集成交的关键点位确立好区块区间后，当收益率二次探底区块区间下限或者下行至关键点位的区块区间下限时，即可顺上行的大势、逆下行的小势卖出做空。同样，越接近区块的下限，做空的盈亏比越大。至少要在中小调整区块区间的下 1/2 逆小势卖出做空，因为这时做空的盈亏比会大于 1。如果入场做空错了，不是熊市中的中场休息，而是真正拐点的出现，那么，收益率就会突破区块区间的下限，发生区块内破、趋势反转，这时就要止损空平，立马反手买入做多。如果入场做空对了，那就静待收益率上行，在新的空间上发生区块翻越、趋势反转，再止盈平仓反手。

### 2. 顺大势，顺小势（大胜率＋小盈亏比）

**区块内顺势突破**

入场时点：顺大势，顺小势（区块自我突破顺大势操作）（见图 1-17、图 1-18）。

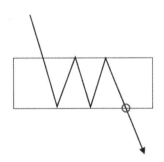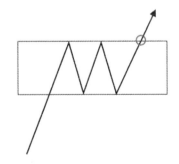

图 1-17　顺下行大势或小势　　　图 1-18　顺上行大势或小势

适用范围：趋势延续。

出场时点：未被证明正确（时间止损），无（顺大势无须时间止损）；被证明错误（空间止损），假突破；被证明正确，即趋势延续——自然形成最新区块，二次探底或探顶时，或者区块自我突破反转时，止盈平仓。

解释说明：这种突破后操作的策略，相对于"一次回踩"和"二次支撑"策略，其盈亏比很小，甚至为负，但是，如果放在新的、更大的空间上看，其盈亏比已经不能用原区块来进行匡算，需要拿之前更早的历史重要阻力线来进行测算。在强大的趋势推动下，突破的力量是很大的，虽然盈亏比相对于回撤时要小，但胜率及其动态的盈亏比却依然很大，一切都取决于大趋势到底有多强。

具体操作：当收益率趋势性下行时，要么在"一次回踩"或"二次支撑"时顺大势入场，要么就等到收益率下行突破区块区间下限，小势与大势完全同步后再买入做多，即顺大势、顺小势。

当收益率趋势性上行时，要么在"一次回踩"或"二次支撑"时顺大势入场，要么就等到收益率上行突破区块区间上限，小势与大势完全同步后再卖出做空，即顺大势、顺小势。

顺大势无须时间止损，逆大势才需要。顺大势的出场点不需要"未被证明正确"这个时间止损条件，因为时间是你的朋友；只有在逆大势时，因为本身是小胜率事件，时间才是你的敌人，所以才需要加入"未被证明正确"这个时间止损条件。逆大势其实就是在找拐点、抢顶，本来失败的概率就大，所以，出场点一定要加入比空间止损更加提前和谨慎的时间止损，以控制和减少损失。

## 逆大势

逆大势本身就是小胜率事件，时间天然是你的敌人，所以，必须有更加严苛的限制条件，只要有一个不符合，就决不能逆大势，哪怕有再大的盈亏比，也不能逆大势。这类操作仅仅适用于小量短线交易，或试盘性的拐点测试。下面的讨论只是理论上的操作，并不建议逆大势而动。

逆大势操作的前提条件有：

（1）首次回调不可逆势。首先要明确并相信一点——趋势很难改变。所以，不要一有回调就惊慌。越大的趋势，越需要二次、三次甚至更多次反复确认，之后才可能改变。即先要经历一个横盘震荡的"弯道区"，趋势才能反转改变。尤其是对于"夏天""冬天"这样的大牛熊的趋势性行情，而"秋牛""秋熊"这样的中型趋势，一般也有小型的二次、三次探顶或探底的。所以，只要是逆大势的操作，就必须在二次或者三次探顶或探底时才能操作，绝对不可在一次回调时就去逆势操作。除非发生 V 字外破式的区块翻越，才能在新的、已经反转的趋势下，顺新趋势而动。

（2）技术趋势可逆，政策趋势和资金趋势（主线）不可逆。即没有政策面或资金面的边际变化，不易逆势。

收益率处于下行趋势时，如果没有资金面边际收紧的配合，不易逆势做空；收益率处于上行趋势时，如果没有资金面边际宽松的配合，不易逆势做多。

（3）必须加入时间止损条件（未被证明正确）。

逆大势操作的注意事项有：

（1）政策趋势和资金趋势（主线），不可逆。

（2）首次回调，不可逆。

（3）加入时间止损（未被证明正确）。

（4）只能做右侧。

（5）与其他信号、原则冲突，不可逆。

逆大势入场前三问：

（1）入场条件是否符合？"区块链"入场条件是否符合？如果不符合，就继续等。

（2）资金趋势是否逆了？资金面是否有边际变化？如果没有，不能逆资金趋势。

（3）K线斜率是否减缓或出现十字星？如果没有，不能逆趋势操作。

在牢记上述的注意事项之后，下面是逆大势入场的两种具体形态。

## 1. 逆大势，逆小势（小胜率，大盈亏比）

### 区块内逆势支撑

入场时点：二次探顶或探底时，可逆势操作（见图1-19、图1-20）。切记，逆大势必须做右侧。

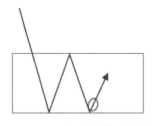 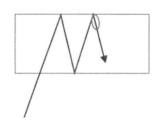

图 1-19　逆下行大势或小势　　　　图 1-20　逆上行大势或小势

适用范围：区间震荡，趋势反转。

出场时点：未被证明正确（时间止损），入场后横盘，平仓。被证明错误（空间止损），假支撑，平仓或反手。被证明正确（止盈），即继续横盘震荡或发生反转——①继续区间震荡，触碰区块另一端，平仓或反手；②发生"区块翻越－趋势反转"，顺反转后的新趋势，继续加仓；③发生"区块翻越－趋势反转"，在新的空间内，自然形成最新区块，二次探底或探顶时，或者区块自我突破反转时，止盈平仓。

解释说明：逆势虽然胜率小，但盈亏比大，这就是很多人前赴后继地选择抢顶或抄底的原因，一旦赌对拐点，获利丰厚。但毕竟是做左侧，决不可重仓参与，仅可试盘性小量轻仓入市，即使大概率亏了，也不会影响大局。

因为逆大势天然降低了胜率，所以，在逆大势操作时，一定要尽量提高盈亏比。越接近区块上下限的逆势操作，盈亏比就越大。

切记，逆大势必须要做右侧。哪怕小势已经无限接近于区块的阻力线，也必须要等待小势的势头减弱，并在阻力线附近出现明显的弧形或 V 字形拐点后，再于右侧入场。决不能既逆着大势，又完全逆着小势入场，那样就真是在接下落的刀子。至少也要等到小势减弱了，拐点出现了，天平稍微向入场方向倾斜一点了，再入场。阻力线不是神器，它只是一个参照，本来就是用来破的，尤其是在大势下。所以一定要在逆大势入场时，等待右侧入场。尤其是"区块内逆势支撑"这个策略，一定要注意等待小势右侧拐点的出现，因为对于另一个逆大势策略"区块内逆势突破"来讲，小势本来就是右侧突破的，不存在抢小势顶的可能。

具体操作：当收益率处于趋势性下行的牛市中，市场第一次回调上行时，我们不操作，等到第一次回调形成区块区间后，在第二次探底并开始调头时，可小量试盘做空。如果入场后，未被证明正确，或直接被证明错误，就平仓离场。如果被证明正确，保守操作是在区块的上限止盈，要么就是在突破区块上限，发生区块内破、趋势反转时，顺应新的大势继续加仓卖出。

当收益率处于趋势性上行的熊市中，市场第一次回暖下行时，我们不操作，等到第一次回暖形成区块区间后，在第二次探顶并开始调头时，可小量试盘做多。如果入场后，未被证明正确，或直接被证明错误，就平仓离场。如果被证明正确，保守操作是在区块的下限止盈，要么就是在突破区块下限，发生区块内破、趋势反转时，顺应新的大势继续持有或加仓入市。

注意三点：①避其锋芒。在二次探顶或探底入场时，一定要等到收益率出现拐点时再入场，千万不要在趋势尚未减弱，光头光脚的 K 线还在延续趋势时，抢着入场。即使无限接近区块上下限，盈亏比无限大，也要避其锋芒，毕竟是在逆大势。②手比脑快。一定要严格执行平仓止损计划，手要比脑快，绝不能拖延，该反手就要立刻反手操作，不要有思想惯性，除非交易计划中没有写反手操作的计划。③未被证明正确或被证明错误，平仓并反手。

### 2. 逆大势，顺小势（小胜率变大胜率，趋势反转，小盈亏比）

### 区块内逆势突破

入场时点：区块自我突破后，可逆旧势、顺新势进行操作（区块内破、趋势反转）（见图 1-21、图 1-22）。

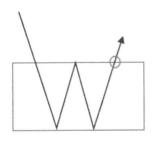
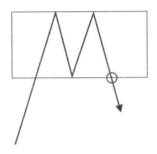

图 1-21　逆下行旧势、顺上行小势　　图 1-22　逆上行旧势、顺下行小势

适用范围：趋势反转。

出场时点：未被证明正确，入场后横盘，平仓。被证明错误，假突破，平仓或反手。被证明正确，即趋势发生反转，"区块翻越（区块内破）、趋势反转"，在新的空间内，自然形成最新区块，二次探底或探顶时，或者区块自我突破反转时，止盈平仓。

解释说明：只有在趋势真正反转时，小胜率才能在新的趋势下变为大胜率。盈亏比相对于刚被突破的区块来说，已经没有意义，它需要在反转后新的空间内，参照更早的区块作为阻力位，来重新匡算。当然，在确认趋势反转之后，即被证明正确时，才能用此策略。否则，如果被证明错误，突破是个假突破，那么，在小胜率、小盈亏比的组合下，亏损将不可避免。所以，这种逆大势的操作，犹如刀尖上舔血，一定要非常小心，要严格执行交易计划，到了止损位，一定要坚定执行，记住：多拖 1bp，就多亏 1bp。

如果收益率逆势自我突破区块，就表明原有趋势被破坏，这是趋势反转的第一步。区块发生翻越，就已经是趋势反转的最后技术确认了。所以，逆大势突破区块，就有可能是原有趋势的改变、新趋势的开始。其实，从原有趋势的角度看，这时的胜率和盈亏比都不高。但如果趋势确实已经改变的话，胜率也就跟随反转变大了。

小区块自我逆向突破，代表中趋势被破坏；中区块自我逆向突破，代表大趋势被破坏。而区块翻越则是趋势反转的最后确认。

具体操作：当收益率趋势性下行时，第一次回调上行不操作，形成区块区间后，在收益率二次探顶突破区块区间上限，即区块内破之后，原有趋势被破坏，这时我们要顺新趋势卖出做空。当然也有可能是假突破，如果是，那就代表趋势没有反转，在收益率回到区块之内时，立马反手做多。

当收益率趋势性上行时，第一次回暖下行不操作，形成区块区间后，在收益率二次探底突破区块区间下限，即区块内破之后，原有趋势被破坏，这时我们要顺新趋势卖出做多。当然也有可能是假突破，如果是，那就代表趋势没有反转，在收益率回到区块之内时，立马反手做空。

总结一下入场与出场原则。

入场点有：回踩、支撑、突破。

（1）回踩：一次回踩前区块，顺大势逆小势入场。

（2）支撑：区块内顺势支撑，顺大势逆小势入场；区块内逆势支撑，逆大势逆小势右侧入场。

（3）突破：区块内顺势突破，原趋势延续，顺大势顺小势入场；区块内逆势突破，原趋势改变，逆大势顺小势入场。

出场点有：横盘、假假、二次。

（1）横盘：逆势入场后横盘，未（在规定时间内）被证明正确，平仓（时间止损）。

（2）假假：假突破、假支撑，被证明错误，平仓（空间止损）。

（3）二次：被证明正确，上行趋势二次探顶或下行趋势二次探底，平仓（止盈）。

在实盘操作中，我们要有意识地对标准动作进行训练，就像运动员或狙击手把每个标准动作都练成肌肉记忆一样，我们就是要把回踩、支撑、突破、横盘、假假、二次，训练成自己的思维习惯。

# 确立区块阻力线

## 区块阻力线：高"颜值"＋厚"脸皮"＋有"恒心"＝强阻力

横看成岭侧成峰。在不同的角度、不同的 K 线周期下，区块可能是不同的，这就可能导致操作在方向上完全相反。如果出现这种矛盾，宁愿空仓也不要下单。我们常常在区块翻越之后，以为趋势反转了，于是顺着反转后的新趋势操作，但结果却是个假翻越、假反转，这时就会被套亏钱。如果能严格止损暂且罢了，然而很多时候，可能是一拖再拖，扩大了亏损。还有其他按照"区块链"策略操作，遇到假支撑或假突破的情况，都会造成亏损。所以，为了提高"区块链"策略的有效性，必须提高区块本身的质量，即区块阻力位的有效性。

小时候，在农村老家养过一只可爱的小狗，在院子里给它垒了宽敞的窝。开始它总是到屋里乱窜，父亲嫌不卫生，就在小狗进门的时候打过几次，不让它进屋，只能在院子里玩。没想到之后小狗真的没再进过屋，即使想吃东西，也只是在门口摇着尾巴，用可怜又可爱的眼神望着你。

为什么要举这个感觉不着边际的例子？因为这与阻力线的有效性在心理上是相似的。对于小狗，门槛就是阻力线，是不能逾越的心理界限，因为在这个位置它被打过，有痛苦的记忆。资本市场中的阻力线之所以有效，同样是因为我们的痛苦记忆。投资本来就是人与人之间的心理博弈，在某个位置有阻力，是因为人们对它有记忆、有忌惮。进而在这个位置上犹豫不决，裹足不前；或是在突破它之后，放下了心理包袱，策马扬鞭，一绝红尘。市场记忆越深刻，阻力位的有效性就越强。那么，如何才能让市场有记忆，而且是深刻的记忆呢？

（1）高"颜值"。有一种情况是，在很长一段时间，甚至一个牛熊周期内，市场出现了阶段性或历史性的最高点或最低点。也许持续的时间不长，只是瞬间的历史留痕，但因为是极值，人们会对其印象深刻。比如股市 2005 年 6 月的 998 点、2007 年 10 月的 6124 点、2008 年 10 月的 1664 点、2015 年 6 月的 5178 点、2019 年 1 月的 2440 点。而正因为少见，所以在日常的交易中，很难碰到这样的阻力，多数情况下，我们遇到的是下面的两种情况。

（2）有"恒心"。"颜值"不够突出（不是长周期下的最高点或最低点），但持续时间够长。一定是在某个价位持续时间够长，成交量够大，人们才对这个位置印象深刻。交易过的价格印象最深刻，这是我们每个人在实盘中都体会过的。所以，在某个价位附近，持续时间越长，成交量越大，对于买卖双方而言，脑海中记忆的划痕就越深刻。

（3）厚"脸皮"。持续时间不够长，"颜值"也不够高，那就得"脸皮"厚点，在市场面前多露几次脸，这样也能让人记住。也就是说，触碰某个点位次数越多，阻力位的有效性就越强。因为一而再、再而三地都无法突破，人们对它的印象就会变得很深刻。

没有持续时间的保障，就没有成交量的保障。在某个价位上停留的时间越短，有效性就越差。但 30 分钟或 60 分钟的短周期 K 线也并非没有用，它们可以更精确地确定区块的位置，但较日 K 线而言，不能很好地确定持续时间和成交量。所以，我们要用日 K 线来看持续时间、触碰次数以及区块的点位，而拿 30 分钟或 60 分钟 K 线来印证点位的精确性。如果它们之间相互矛盾，就放弃这个区块，因为只有它们相互佐证，才能增加有效性，才能去下单操作。

不做勉强交易，不做报复交易。不要因为之前做空失败了、亏钱了，就有一种报复心理，想在短期内证明自己，证明自己不是个傻子，就时不时地找理由来再次做空。因为是有目的地找理由，所以这些理由很单一、很勉强，放大一点看甚至是相互矛盾的。这时真的不能在矛盾的条件下去操作，要强迫自己冷静下来，要等待更多、更明显的入场信号出现。

以上三种情况也是技术分析的心理和行为基础，不管是本书的"区块链"策略，还是市场熟知的均线策略，都基于此。技术分析其实就是脱离基本面，单纯从人的心理和行为角度去思考的一种投资方法。所以，不要形而上学地去看图形，要结合人的心理和行为，去挖掘图形背后的成因，这样才能把技术分析真正运用好。

## 长周期找区块上下限，短周期找入场点

路遥知马力，日久见人心。投资也是如此，时间越长，越能看到市场的本质；时间越短，越能看到市场的细节。

周线看势，日线择机。小浪组成大浪，大浪组成趋势；趋势约束大浪，大浪约束小浪。所以，在看趋势时，我们要选择长周期 K 线；而在观察市场情绪强弱变化及选择入场点时，就需要选择短周期 K 线。笔者的习惯是，用周线来看趋势，用日线来看情绪并选择入场时机。当然，每个人的交易周期不一样，选择看势和择机的 K 线周期也不尽相同。如果做日内超短线交易，就用 60 分钟线看势，用 5 分钟线择机；如果做几天的短线交易，就用日线看势，用 30 分钟线择机；如果做几周或几个月的中长线交易，就用周线看势，用日线择机。

确定区块阻力线，我们用周 K 线；而测试阻力线的有效性及选择入场或出场点，则用日线。K 线的周期越长，所确定阻力线的有效性越强；K 线的周期越短，偶然性越强，阻力线的有效性越弱。用周线能更好地过滤掉日线中一些短暂的、偶发性的拐点，让一些假的拐点变成周线中的一个毛刺，让更多重叠的、非偶然的、能给人留下深刻记忆的点位，成为真正有效的阻力线。

用长周期 K 线确定区块上下限。这个好理解，因为周期越长，在拐点停留的时间越长，给市场留下的印象就越深刻，阻力线的有效性也就越强。而短周期的一个停留，给人们留下的印象并不深，这个点很容易隐藏在日线或周线中，被人忘记。只有那些创出新高、新低或突破的特殊点位，才能组成长周期 K 线中的特殊点位，以收盘、最高或最低点位留下明显的痕迹，被人们注意到，并被铭记在心，成为一个心理点位，其有效性才能被突显出来。所以，找阻力位，一定要用长周期 K 线。当然，也不是越长越好，太长了也会把一些关键点隐藏起来，不利于找点位做交易。一般而言，看大牛熊市大轮回，用月线；看中期大波段，用周线；看短期小波段，用日线。

用短周期 K 线确定入场点。这个怎么来理解呢？我自己总结过一个入场原则，即在价格接近阻力线时，一定要等到市场情绪变弱、市场走势的斜率变小的时候，且在不逆资金面趋势的情况下，方能入场。总结就是：入场点 = 阻力线 + 斜率变小 + 不逆资金势。阻力线，我们就用长周期 K 线来找，也就是前面讨论的。斜率变小，可以通过比阻力线低一两个级别的短周期 K 线来找。为什么要等到斜率变小？因为斜率变小代表市场情绪缓和。尤其是在阻力线附近，这种缓和在一定程度上印证了阻力线的有效性。

长周期 K 线突显阻力线，却隐藏了市场情绪。不过，我们能从短周期 K 线中，从更加细微处，来洞察市场的情绪变化。当然，阻力线和入场点之间的时间跨度不能太大，差得越大，夹杂的情绪噪声就越多，一般差一两个级别比较合适。例如，用周线找区块阻力线，用日线找入场点；用日线找区块阻力线，用 30 分钟线找入场点。所以，在具体入场操作时，当短周期 K 线接近阻力线附近，且斜率明显降低时，才能入场。

有的时候，我们会有这样的操作：找到区块阻力线，在价格接近阻力线时，直接把报价单挂在某个价位，等待成交。这是不对的，因为只考虑了区块阻力线，却没有考虑阻力线的有效性。区块阻力线只是一个我们操作上的参考，它可能有效，也可能无效。在临近阻力线时，有这样的一个特征：如果突破，往往情绪高涨，快速有力；如果受阻，往往犹豫不决，震荡徘徊。我们就是要通过短周期 K 线来观察市场情绪的变化，进而提高胜算。直接挂在阻力线附近，只是符合了阻力线，但并不符合斜率变小这个条件。只有斜率变小，才能部分印证阻力线有效，才能增加"区块链"策略成功的筹码。在遇到阻力线时，如果无效，价格在阻力线附近的走势就会变得犹豫，斜率就会变小；但如果有效，价格在突破阻力线时，走势就会很强劲，斜率就会变大，这时价格会先快速突破，并远离阻力线，之后要么一绝红尘，要么远离后再回踩确认。

总之，要用长周期找区块上下限，用短周期找入场点。在把握大方向的同时，也要找准入场时机。

## "区块链"与人性弱点

### 用"区块链"规避人性弱点

人性有两大弱点："涨了，有恐慌""跌了，有希望"。

在实际操作中，"涨了，有恐慌"对于持仓者来说，并不是一涨就跑，只是会先有恐慌的感觉，真正付诸行动是在市场出现回调震荡的时候，即在"区块"之中，而且往往不是在第一次震荡时就跑，大多数人是在第二次或第三次震荡时被震下车的。因为第一次震荡时，多数人还没有心理准备，到第二次震荡时，很多后悔没有在第一次震荡时跑掉的持仓者，就会在这时止盈，落袋为安，而到第三次震荡时，绝大多数人已经看到了这个规律，最后不坚定的持仓者就会被震下车。当这种"人性弱点驱使的心理暗示"被市场的真实回调印证时，人们就会更加坚定地认为自己的担忧（人性弱点的恐慌）是正确的，以为观察到了波动的规律，自信心就会增强，心理暗示就转化为实际行动。

对于"涨了，有恐慌"的空仓者来说，在开始上涨时，往往不敢去追，因为"有恐慌"，担心一上车就下跌被套，同时也想着等回调后再买。但往往我们等来的不是回调，而是继续上涨，市场没有给我们第二次廉价上车的机会。最后，在新闻的刺激下，市场出现了一次大涨，刺激踏空者想明白了所有逻辑，不再犹豫纠结，而是抓紧上车，市场成交量因此大增。天量常有天价，这时入场，却可能赶上一个阶段性的拐点。

如何才能让自己脱离这种被人性弱点所驱使，站在一个更加理性、客观的第三方角度去抓住市场真正的机会，而不被自己的弱点和市场的情绪所带动呢？

首先，要确认大势，即确认大的季节。只有先确认好大的季节，才能知道，春天再寒冷，也只是黎明前的黑暗；夏天再冷，哪怕6月飞雪，也只是暂时的；秋天再热，也只是"秋老虎"；冬天再温暖，也需要防寒保暖。那么，如何确认行情的大季节？我们需要通过投资策略体系与分析框架体系，共同分析并予以确认。用"区块链"策略确定趋势拐点，用八大信号分析债市变量。没有确切的信号告诉我们季节改变了，就不要因为市场的调整改变对季节的定位，而且一定要对自己的投资体系坚定和自信，不然就会被市场情绪所带动，完全迷失在每天的涨涨跌跌之中，市场一涨你就认为是夏天（牛市）来了，一跌你就认为是冬天（熊市）来了，而不会站在市场之外，理性客观地去识别真正的机会和风险。

其次，要根据"区块链"策略树立新思想：真正的拐点不是最高点或最低点，而是区块的翻越点。具体来看，在夏天，首先要改变一个观点，即不要一有回调，就跟着市场一起恐慌，以为趋势结束了。仅从技术信号上看，只要区块不翻越，就代表趋势未结束。况且，即使结束转入秋天了，依然还有"秋老虎"让我们撤退。而且秋天一般很长，所以在夏天没有必要天天担心趋势什么时候结束，而要想着哪个时点买入做多。在改变观点之后，我们就不会把夏天中的调整看作趋势的结束，而会看作后来者居上的绝佳补仓良机。

当然，任何情况都可能出现，也不能完全排除 V 字反转的可能，如 2009 年 1 月至 2010 年 8 月那样的"秋天"。2009 年出现了一波大的"秋熊"（宽幅横盘震荡中小级别的熊市）行情，十年国债收益率 10 个月上行了 108bp，2009 年 11 月中旬才开始下行，至 2010 年 8 月出现了一波"秋牛"（宽幅横盘震荡中小级别的熊市）行情。如果真的遇到这种可视为 V 字反转的行情，即使后面有"秋牛"，那也很难受，还是要尽量避开的。所以，我们不要庸人自扰地担心 V 字反转，但要防范 V 字反转的出现。要想做到这一点，利器就是区块翻越。只要不发生区块翻越，趋势就没有结束，趋势结束与否的拐点不是最高点或者最低点，而是区块翻越的那个点。翻越突破了，才代表趋势发生反转，这时就要义无反顾地平仓走人，并且要反手按照熊市的新大势来制定相应的策略。在夏天，只要回调，首先想到的是加仓的良机，而非牛熊的拐点，直到区块翻越，我们才会改变这种看法，因为真正的拐点不是最高点或最低点，而是区块的翻越点，即技术拐点。

所以，我们"不言顶，不测底"，不去试图抢顶、抢底，而是以前区块为标杆，区块翻越了就是拐点出现了，区块不翻越或假翻越就说明趋势还未变化。虽然这是右侧操作思想，会失去趋势拐点处的区块空间收益，但会因规避更多的人性弱点而获得更大的收益空间。要让这种观点和思想转变成自己的思维习惯，并在实战中予以运用。

正如前面所说，转变思维的利器是区块翻越，而具体的操作运用就是"顺大势"：

一次回踩——一次回踩前区块，顺大势逆小势入场；

二次支撑——区块内顺势支撑，顺大势逆小势入场。

## 人性下的震荡（区块）

人性有两大弱点：对了，赚了，有恐慌了；错了，亏了，有希望了。正是这两大弱点，导致市场在趋势中出现震荡，在震荡中放大人性。

每一次趋势中的回调（震荡），都是一次人性弱点的暴露，也是趋势中最大的陷阱。当亏损时，你总希望今天就是最后一天；当盈利时，你总担心明天就要反转。

熊市中的回调，是"亏了，有希望"的表现；牛市中的回调，是"赚了，有恐惧"的表现。当价格下跌（收益率上行）趋势确立后，在下跌的过程中，总有空仓、怀着希望（贪婪）的人去抢反弹，或者错了、亏了、被套的人每天都希望今天就是最后一天。亏的人不止损，贪婪的人抢反弹，会导致下跌过程中暂时性的回调，但最终改变不了原有的大趋势。而在价格上涨（收益率下行）过程中，对了、赚了的人们开始担心利润明天就会丢掉，于是开始卖出，空仓的人也担心随时调整，进而不敢入场做多。无论是持仓做对的人，还是空仓等待的人，均表现出了"涨了，有恐慌"的人性弱点，那就是牛市中的担忧，这就导致价格在上涨过程中出现短暂回撤，但这最终改变不了牛市的大趋势。

当收益率下行趋势确立，即债券市场处于牛市之中时，在收益率向下运行的过程中，总会出现一定的回调。为什么？就是因为人性弱点——"对了，赚了，有恐慌了"。总有很多人在小赚之后，反而有恐惧，就要跑。于是，就出现了牛市中的回调，大量的投资人被震下车。

同理，当收益率上行趋势确立，即债券市场处于熊市之中时，也会出现一定的回调。为什么？就是因为人性弱点"错了，亏了，有希望了"。有些人明明做错了，亏钱了，但总找借口拖延止损，每天都去收集好消息以支持自己这么做，让自己每天都在希望、懊悔、愤怒中度过，甚至当收益率上行到一定位置时，还认为已经上这么高了，差不多了，然后再加仓买入，美其名曰"摊薄成本"，实则错上加错。

市场趋势这个东西就像是牛顿定律，它是有惯性的，因为人的思想往往是线性的，一旦动起来，没有足够的外力，是无法使它停止运动甚至改变方向的。但是，"足够"这个度如何把握，估计没有人能真正知道。既然我们不知道上涨或下跌这个趋势什么时候结束，那么，我们就不要每天费尽心思地去猜测顶在哪里、底在哪里。

在回调时，总是能与之前某个时间段多空双方争夺激烈的点位不谋而合，受到压力或得到支撑，这个区域或是横盘时间较长的区域，抑或是成交量密集的区域。

为什么会有这种巧合？原因是：如果是在价格下跌趋势中出现回暖，因为在前面的那个区域，有很多人被套了，那么，在价格回到之前那个价位时，被套的人就会想，终于解套了，赶紧跑吧；如果是在价格上涨趋势中出现回撤，本来赚钱但又回撤了，当马上要开始亏损时，人们因怕亏本而跑掉。所以，每当到了横盘时间较长或成交量密集的区域时，就会受到阻力。如果走势突破了这个位置，那就说明前面的压力被趋势的力量消化，原来的大趋势还能继续；而如果无法突破，那原来的趋势就有可能被改变。这也与前面的两条人性弱点相吻合：当价格上涨到前期某个位置时，对了、赚了的人就担忧，已经上涨到那个点位了，还能更高吗？估计涨不上去了，先跑了吧。于是就提前离场出局。当价格下跌到前期某个位置时，错了、亏了的人就想，已经跌到那个位置了，还能跌到哪儿去？抄底吧！于是被骗上车。

既然回调的根源是人性弱点，那么，我们怎样才能克服这些弱点来战胜自己呢？回调有时是真拐点，有时是假拐点，但在最终走势出来前，我们身处其中，真的无法辨别其到底是真是假。这就需要我们严格按照"区块链"策略进行操作：区块不翻－趋势不变；区块翻越－趋势反转。

回调就是震荡，既然是震荡就会形成一个上有顶、下有底的区间，这个区间会围绕某个中心点位上下震荡。熊市中，在收益率上行过程中，当收益率突破某个阻力位后，这个阻力位就变成了未来的支撑位。例如，2017年5月10日至2017年9月30日，十年国债收益率在3.50%到3.70%之间震荡，围绕的中心点就是3.60%。3.50%这个点位是在2017年2月6日形成的，在于2017年5月3日成功突破之后，就一路上行至3.70%，而之前的3.50%就成了后面的支撑位。上限找到了，下限找到了，中心点也找到了，那么，后面的工作就是去监控这个区块怎么被突破。如果收益率上行突破上限3.70%，那就是"区块不翻－趋势不变"，说明收益率还将继续上行，前期横盘震荡式的回调就是假回调；而如果收益率下行突破3.50%，那就是"区块翻越－趋势反转"，说明收益率还会下行，而前期横盘震荡式的回调就是真拐点。无论是向上突破还是向下突破，之后都会再围绕某个中心点区间震荡，然后再突破、再寻找下个震荡区间。

此外，在区块震荡中，往往也有"事不过三"的规律。在"区块链"策略中，入场标准动作是"回踩、支撑、突破"，那么，在区块的上限或下限位置，我们可以按照标准动作入场。区块的上下限是市场自然走出来的，我们不要去猜测，而是要耐心地等待顶或底的出现，不抢顶、不抢底。除非回踩前区块，否则，在形成区块的第一次震荡前，不用去操作，因为我们完全不知道市场会在什么位置回撤。当市场自然形成区块后，就会在这个区块内出现两次、三次甚至四次震荡。但是，人的学习能力是很强的，你看到了某个位置有支撑，别人也同样看到了。所以，往往在第三次触及区块的阻力位时，突破的概率就会大增。尤其是在逆大势操作时，要格外注意，最好不要做逆势交易。

其实，无论是收益率上行的熊市，还是下行的牛市，整个趋势就像上下台阶，都是由"上下突破"和"区间震荡"构成的，这样投资工作就简单多了。

首先，牛市中做多，熊市中做空。这是投资的大策略、大方向。

其次，定位牛熊。判断身处的市场是牛市，还是熊市。

最后，定位区间上下限。如何判断自己身处的市场是牛市还是熊市呢？最关键的就是定位区块区间的上下限。前面说到，趋势都是由"上下突破"和"区间震荡"组成的，那么，我们确定好区块区间的上下限之后，就要去密切观察市场的走势。如果收益率向上突破区间上限，那就是熊市，至少是阶段性的小熊市；而如果收益率向下突破区间下限，那就是牛市，至少是阶段性小牛市。当然，区间上下限的宽度也决定了上下突破时，未来是小牛熊，还是大牛熊。小浪组成大浪，大浪组成趋势。小浪的突破代表大浪方向的形成，而大浪的突破则代表趋势的方向。

## 做短–看小–顺中，做长–看中–顺大

以前有一个极端的观点：看大势者不做交易，即在牛市中，持续做多拿着不动，直到牛市结束。这个策略是可以，但有三个问题需要考虑：一是牛市什么时候结束，二是牛市结束时你是否知道牛市结束，三是你在知道牛市结束时能否做到清仓出局。能准确判断牛市结束并清仓出局太难了。就像 2020 年 5 月，债市由牛转熊（见图 1-23），从大的趋势和区块划分来看，当收益率突破 3.0% 时，"区块链"原则确立了技术性熊市，但是，当到了 3.0% 时，收益率已经上了 50bp，熊市已经走了一半。很多人以为这是像 2019 年那样的一次债市深度调整，可随着行情的一步步演变，才确定这已经是熊市，可这个时候显然已经太晚了。

图 1-23　2020 年十年国债"区块链"示意图

所以，不要眼高手低，只想着赚大钱，只看大的牛熊市，结果，大钱没赚到，一把亏了个底朝天。大牛、大熊也是一步步演变过来的，当你身处其中时，很难一眼看到底。行情是一步步走出来的，方向是一点点变明朗的。我们的着重点不是如何预测一

波大牛熊，而是如何应对一波大牛熊。不是一看到牛市的底牌，就全部押注干进去，坐收渔利，而是随着市场的发展，先从小势做起，把中期趋势操作好。我们往往预测到了牛市的开始，却无法预测到牛市的结尾或空间。即使预测到了，很多时候也不一定能做对。

小浪组成中浪，中浪组成大浪。看中浪做大浪，波动太剧烈，沉没成本太高，确定变化时下手太难，太逆人性；看小浪做中浪，波动不剧烈，沉没成本小，确定变化时容易下手。

不积跬步，无以至千里。路是一步步走出来的，不要期待走一步就看到一万步后的景象，走一步或许只能看到一百步后的景象，那就先"一步＋一百步"地往前走。更多时候，我们是看不清未来大方向的，都是走一步看一步，方向是在前进的过程中一点点清晰的。所以，不要企图一下就能看到一个大牛市或者大熊市，而是要在能力企及的范围内，走一步看一步，让视野逐渐清晰，不能完全等到趋势彻底清晰再出发，那样就太晚了。

区块有小区块（10bp左右）、大区块（40bp左右）之分。小区块翻越，代表中趋势反转；大区块翻越，代表大趋势反转。2020年4月末，债券市场由牛转熊，但当时市场中的绝大多数人都没有想到那是牛熊的拐点，因为就在4月初，央行才刚刚降准，并下调了超额存款准备金率，谁能想到4月末熊市就能来。以十年国债为标杆，4月末，十年国债收益率在2.5%附近，这是那轮牛市的底部位置，可作为大区块的下限，而大区块的上限则正好是新冠肺炎疫情发生时的起点3.0%（见图1-23）。也就是说，只有收益率向上突破 3.0%，才表示区块翻越、趋势反转，才能从"区块链"策略上证明市场进入了技术性大熊市，但这显然太晚了。假如能在开始时，就从小区块的翻越上看到中趋势的反转，那么，就可以更早地进入熊市操作模式。虽然我们不能在开始时就"火眼金睛"地预测到大的牛熊拐点，但却可以通过小区块翻越和中趋势反转，在 2020 年 5 月 7 日小区块逆势内破时，看到市场的中趋势已经发生反转。从中短期来看，市场已经发生了逆转，操作策略在中趋势内就应该以做空为主了。直至发生大区块翻越 3.0% 后，再确认技术性大熊市，但我们已经提前通过小区块的翻越，开始了中趋势的做空操作。所以，我们不能只看大区块、大趋势，也要看小区块提前走出来的中趋势的反转。小浪组成大浪，大浪组成趋势。

即使是在大的趋势性牛熊行情中，往往也会有大幅度的调整。例如 2015 年上半年、2019 年全年，都出现过 40bp 或以上的大调整，它们都是在牛市趋势中发生的。对于这类大幅度的调整，能避开就要尽量避开，因为我们也不知道到底是不是已经进入了熊市。例如 2020 年 4 月之后的行情，本来很多人以为只是牛市的中场休息，结果发现市场已经转入熊市。所以，我们不要试图预测行情，小资金就"做短 - 看小 - 顺中"，即做短线，看小区块，顺中趋势；大资金就"做长 - 看中 - 顺大"，即做长线，看中区块，顺大趋势。

我们可以把 40bp 左右的大区块看作中趋势，进一步再细分成一个小牛熊生态下的四季循环。以 10bp 左右的小区块作为参照，当小区块向上翻越时，代表中趋势向上；当小区块向下翻越时，代表中趋势向下。我们把中趋势内的牛市称为"小牛"，中趋势内的熊市称为"小熊"。

以 2019 年为例（见图 1-24），全年债券市场出现两次大调整，分别在 4 月和 9～10 月，十年国债收益率均是先上后下，在 40bp 的大区块中上下震荡。在这个大区块内，多次出现了 10bp 甚至小于 10bp 的区块区间。例如，在 9 月，十年国债收益率在 2.98%～3.07% 间形成小区块，在 9 月中旬向上内破，发生小区块翻越，中趋势反转。因为新的趋势已经形成，即"小熊"已经到来，那么，在操作上，当收益率一次回踩、二次支撑或向上突破时，就要顺大势逆小势地做空，直至收益率在 11 月发生区块向下内破翻越，"小熊"才转为"小牛"。此后，在下行的过程中，又多次出现 10bp 小区块的翻越，同样，要顺大势逆小势地按照"区块链"原则买入做多。我们在顺大势提高胜率的同时，要利用"区块链"原则，在小势回撤时逆小势入场以提高盈亏比。无论是"春天""秋天"的大震荡，还是牛熊市中的大回撤，在这种小季节、小生态中，一定要降低预期，因为市场本身就在震荡、在寻找方向，任何时候都不要做先入为主的预测，而要无多空地顺势而为。

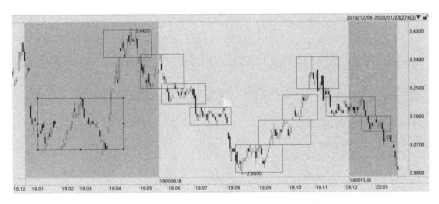

图 1-24　2019 年十年国债"区块链"示意图

做短 – 看小 – 顺中，做长 – 看中 – 顺大。小浪组成大浪，大浪组成趋势。区块链策略就是用小浪翻越指示大浪方向，用大浪翻越指示趋势方向。

如果做中短线的话，应该"做短 – 看小 – 顺中"；如果做中长线的话，应该"做长 – 看中 – 顺大"。

大浪在大趋势的约束下运行，小浪在大浪的约束下运行。大趋势下，大浪也有逆大势回调的时候；大浪中，小浪也有逆大浪回调的阶段。只要不发生翻越，趋势力量的约束就没有打破。所以，我们要"做中短线，看小区块，顺中趋势""做中长线，看中区块，顺大趋势"。

当看大区块时，趋势是向下的，但在每一个大区块内的小区块的趋势，有可能是向下的，也有可能是向上的。在不同的周期下，所得出的趋势不同。所以，对于顺大势逆小势策略，如果大势的方向没有找对，操作的结果就可能完全是相反的。我们可能顺了大区块的趋势，却逆了小区块的趋势；也可能顺了小区块的趋势，却逆了大区块的趋势。大趋势约束大区块，大区块约束小区块；大势约束大浪，大浪约束小浪。一个大浪中的小浪是受这个大浪中的力量和情绪影响的，不要跨界去别的大浪中找理由。大浪与大浪之间有关联，它们都受大趋势的约束，但不同大浪中的小浪之间，关联性就会降低。小浪本身就是受短期市场因素及情绪的影响而形成的短期波段，如果我们拿其他大区块内的阻力线来做参照，不但效果差，而且还会带来不必要的噪声干扰。如果没有明显的大区块约束，或者大区块太大，给小区块留出的真空区域太大，那么，我们也不必刻意地去找阻力，就顺着小区块形成的中趋势，顺大势逆小势操作即可。

在做短线交易时，我们盯的是小区块，而对于小区块阻力线的设定，要优先参照最新、最近的区块所形成的阻力线，越远的区块阻力线，有效性越差。小浪组成大浪，在大浪中运行，大浪的上边缘和下边缘对小浪是有束缚（阻力）作用的。在大浪（区块）之间，是真空区，虽然也会有大区块之外的阻力线，但已经太远，参照价值就会降低。所以，我们在做短线交易时，在触及约束小区块的大区块边缘之前，更多的是参照大区块内最新小区块所形成的阻力线，直到触及大区块的边缘，再将大区块的上下边缘作为阻力线来参照。此外，用周线找大区块的边缘，用日线找小区块的边缘。

# 第 2 章

# 顺大势，逆小势

真正的高手是行为高手，而非思想高手。他们是刀尖上的舞者，不但有顺大势的气魄，也有逆小势的勇气。只有化繁为简、拆解趋势、掌握区块，方能淡定从容、出入自由。放弃抢顶，才能顺势而为；耐心等待，才能把握时机。

## 利用人性弱点逆小势做左侧

### 顺大势逆人性，利用人性做左侧

涨了，有恐慌，就是说当市场上涨时，人本能就会有恐慌，空仓者不敢追，持仓者想卖出。这时我们应该逆人性操作，顺大势买入做多并持仓，而不是逆大势、顺人性地去做空。

趋势中最大的陷阱，也是最大的机会，就是回撤震荡。当市场调整时，因为之前的上涨，人本能地产生了恐慌，所以，一旦市场出现调整，人们就会本能地认为自己先前的担忧（恐慌）是对的，被市场验证了，于是持仓者很容易在回调时下车，尤其是在一个区块内第二次或第三次回撤时；而空仓者因为觉得自己的担忧被验证，在沾沾自喜中继续空仓，但是在回调结束、市场再次回归上涨趋势时，继续恐慌而不敢上车，直至在悔恨中想明白，价格已经接近顶点。

每个人都会有上述的人性弱点，要想避免被这种人性弱点驱动的交易行为，或者说避免让人性弱点完全暴露和体现在自己的交易行为中，就必须要逆人性而行。我们可以很好地利用"区块"来进行操作。

首先，区块外回踩。对于根据市场自身波动所形成的中区块，当市场出现回调时，我们可运用"一次回踩"原则，顺大势进行操作。只要区块不发生翻越，就代表趋势没有改变，就要勇敢地在回踩前区块时，顺大势逆小势地操作，而不是被市场情绪或人性弱点所驱动，被震下车，或者继续踏空、死扛。即使市场真的反转了，那也不怕，因为入场时的盈亏比很大，所以当真的突破前区块、发生反转时，再平仓或反手就是了。正是因为我们总担心市场随时反转，所以才在上涨时有恐慌感。有了区块翻越这个撒手锏，就不用诚惶诚恐了，因为市场真正的拐点不是最高点和最低点，而是区块的翻越点。在区块翻越之前，必须顺势而为。一次回踩时，只可顺大势逆小势地操作，不可逆大势操作，那完全是抢顶。

其次，区块内支撑。运用"二次支撑"原则，在牛市中，当收益率二次上行接近区块上限时，顺大势做多；在熊市中，当收益率下行接近区块下限时，顺大势做空。

正如笔者的试盘原则：万事开头难，一切靠试盘；要想赚大钱，必须要重仓。我们可以利用人性弱点，彻底改变操作的入场时点。人们总是希望在市场出现右侧拐点时入场，而当右侧拐点真正出现时，又因为人性弱点"涨了，有恐慌"而下不了手。例如，2019年10月调整后，11月初收益率开始调头下行（见图2-1），本来按照交易原则，应该要下手做多了，但我却因为"涨了，有恐慌"的人性弱点，在犹豫纠结中没上车，导致后面踏空，而且还屁股决定脑袋地主动做空了两次国债期货。知易行难，可见人性弱点"涨了，有恐慌"是多么地难以克服。那么，在顺大势的大前提下，我们在逆小势时，是可以考虑做左侧的，尤其是对于大资金，上下车需要一个过程。对于以交易为目的的小量资金，最好还是等到K线斜率降低后，再顺大势入场。

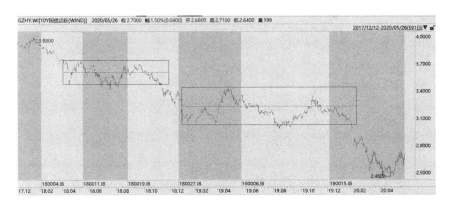

图2-1　2018～2019年十年国债"区块链"示意图

牛市中，当收益率一次回调超过拐点至前区块区间下限的空间的 1/2 时，盈亏比大于 1，可以考虑买入做多，止损点就设置在前区块区间的下限。如果翻越，就止损出场；如果不翻越，就都是买点。越接近前区块区间的下限，盈亏比就越大，1/2 处是盈亏比为 1 的临界点，是入场操作的最低要求，我们不能在盈亏比小于 1 的时候入场。

同样，在牛市中，当收益率在已经形成的区块区间内二次探顶至区块区间的上 1/2 部分时，可以入场做多。此时，盈亏比大于 1，止损点就设置在区块区间的上限，不突破不平仓。

再次强调，在 1/2 处盈亏比只是刚等于 1，是我们可以考虑的入场点，但不是最佳的入场点。到 1/2 处相当于猎物进入了狙击手的有效射程范围，但这并不是最佳狙击位，最好的狙击位是区块的边缘，因为越接近区块的边缘，盈亏比越大。

逆小势做左侧的一个好处是利用了人性弱点"跌了，有希望"，但也有一个坏处，就是一旦做错，在止损时会很难受。在收益率回撤上行至区块区间 1/2 以上、你开始入场做多后，收益率大概率还会继续上行。逆小势也是逆势，这种上行就会激发你"跌了，有希望"的人性弱点，它会让你拿得住，因为新入场的仓位被套，你心中是有希望的，而且因为有希望，你会有更多的动力继续买入。这与做右侧不一样，右侧的趋势虽然更加明确，但会导致"涨了，有恐慌"，踏空后去追的感觉要比被套后补仓的感觉更难受，越涨你越不敢下手，而逆小势做左侧则是越跌越想买。但是，左侧入场有另一个心理问题，就是错了止损时会很难受。

无论是做小势的左侧还是右侧，都有优劣：做左侧，适合偏大的资金，克服心理关的难度小，但逆小势也是逆势，胜率会下降；做右侧，适合灵活的小资金，胜率更大，但克服心理关的难度大。两者也有一个共同点，就是错了止损都难受，但必须都要坚决地去执行。到底哪一侧入场适合自己，还要刻意在实践中加以训练。但不管怎样，大势必须要顺，这是所有操作的前提。

## 懂得舍，才有得

### 放弃抢顶，才能顺势而为

顺势而为，说起来容易，但做起来难，因为顺势而为是逆人性的。很多时候，我们知道市场已经处于牛市之中，却总是回头看，担心买在收益率的低点，给别人接盘，所以不敢顺势去追，这就是在逆势，在犯"涨了，有恐慌"的人性弱点错误。

实战经验教训说明，凡是在牛市中卖出做空的，多数都失败踏空了，这是逆大势操作的后果。理论上来说，大趋势中市场也会有中期调整，我们可以在中期调整前卖出，调整后买入，这样就可以获得更多的收益。理论上确实可以这样，但是你一旦有了这个想法，就会不停地想去寻找拐点，并且会担心这个拐点随时可能出现，收益率越下行，你越不敢下手。

如何避免这种心态呢？放弃猜顶，放弃抢顶，用"区块链"策略的思维去重新定义拐点。在"区块链"策略中，最高点和最低点不是拐点，区块的翻越点才是拐点。我们不用去猜顶、抢顶，只需要等待市场告诉我们拐点在哪里。只有放弃逆势抢顶，才能顺势而为。区块翻越之前，不要逆势而动。

此外，不要去纠结日内行情的波动，或者一两天行情的波动，时间越短，空间越小，市场的随机性越强，越混沌，参考意义越小。我们要以"区块"的概念来看待市场的波动，市场的短期波动本来就是混沌和随机的，即使是一个单边趋势，也会有短期的回调和震荡，不要太纠结短期的波动，这会让自己迷失在信息的噪声和丛林之中。做多做空，建仓清仓，都要以"区块"的概念来进行，区块内得到支撑就建仓，突破就加仓，逆向受阻或突破就清仓。以"顺大势，逆小势"为大的方向性原则，对"区块链"策略无情地加以执行操作即可，区块内无论怎么翻江倒海都不要管，爱往哪个方向去就往哪个方向去，只要我们顺了大势，就把握住了大概率事件。

## 放弃回调再上车的心理，才能抓住真正的趋势

你做多入场后再卖出平仓，表明你不看好后市。但是也分两种情况：一种是短空长多，认为大趋势还会延续，只是短期市场该调整了，所以想做个短线，先卖后买，待市场短期下跌后，再以更低的成本上车；另一种是长期看空，认为趋势即将或已经结束，所以卖出做空，计划长期空仓或轻仓，等待熊市结束后，才会再回来。

第一种情况，2014年下半年，债券市场涨了很多，我认为涨得差不多了，价格要调整了，于是卖出了很多长久期的信用债，但其实当时并不认为市场会真正转熊，只是按照历史经验，认为

债券收益率会在高位震荡，之后再开启一波大的趋势性牛市。

第二种情况，2019 年 7 月自己做空债券，不但对市场的上涨产生了恐惧，而且还认为，当时的市场已经是"秋天"行情，熊市已经不远，于是想战略性调仓。结果证明是错的，2019 年全年，十年国债利率都在 3.0% ～ 3.45% 这个大区块内宽幅横盘震荡。不过 2020 年新冠肺炎疫情发生后，十年国债利率向下突破 3.0% 的区块下限，再度开启了牛市行情。

按照"区块链"原则，区块翻越，趋势才会有拐点。只要没有出现区块翻越，即趋势不改变，就要放弃那种被人性驱动的"涨了，有恐慌"的恐惧心理，勇敢去追。也不要自认为聪明，凭着感觉先卖后买，做波段交易。想法是好的，但是如果你真这样做了，先卖出做空，想着等调整后再上车，那么你卖出后的心态就会改变，尤其是逆大势大概率踏空之后，会在懊悔中难以再上车，踏空后面更大的行情；而如果把眼光放长远一些，只要没有发生区块翻越，就忽略这些小波动，直接放弃这些小回调，在区块拐点出现之前，在季节变化信号出现之前，不要凭感觉逆势操作，就能在真有小回调时，以一个盈利者、获胜者的心态去加仓，而不是在懊悔中，一步步错失机会。

## 入场点 = 阻力线 + 斜率变小 + 不逆资金势

在"回踩、支撑、突破"三个"区块链"策略入场标准动作中，回踩和支撑属于逆势入场，即使是顺大势逆小势，那也是逆着小势入场的。虽然对于大资金来说，可以考虑适当做左侧，但是在交易时，我们还是要尽量避开小趋势的锋芒做右侧。

实战中，光头光脚的大阴线，或是连续的小阴线，均说明短期市场情绪很差，这时即使符合"一次回踩"或"二次支撑"的入场条件，也不能逆势入场，必须要避其锋芒，等待情绪回落，待K线斜率变小，开始横盘时，若依然符合入场条件，再入市操作。

在一次交易中，我按照"区块链"策略入场，当时国债期货在周一、周二连续两天大涨，拉出了两根大阳线，第三天更是跳空高开，拉出了光脚的大阳线。在连续大涨之后，国债期货已经涨到了区块区间的上限。在此之前，市场有两次都没有突破该阻力位，于是我就在接近区块区间上限时，做空杀了进去。结果，第四天一早，"央妈"继续大额净投放，国债期货直接高开高走，自己直接被套，而且市场突破了区块上限，最后直接被迫止损了。

还有一次交易，在按照"区块链"策略做空豆粕时，其主力合约已经连续走出了三根中阳线，自己再次犯了相同的错误，在小趋势上涨势头正劲时，完全没有避其锋芒，没有等到小趋势开始掉头，甚至没有等上涨势头哪怕稍微减弱一点，就直接在区块区间上限入场做空了。当时自己并没有注意到小趋势势头正劲的现实，只是一门心思看到价格上涨到了小区块区间的上限，就"跌了，有希望"地入场做空。结果，市场在上涨到区块区间上限的压力位时，完全没有受到任何阻力，直接向上突破，自己亏了。

从两次错误中我有几点反思：

（1）光头光脚不能逆，需要等待降斜率。光头光脚的K线，说明趋势的势头太强，这时不能与趋势作对，一定要等待K线的整体斜率降下来，即趋势的势头减弱，甚至开始掉头了，再按照既定策略入场。

逆小势也是在接下落的刀子，只不过这刀子会触地反弹，这个反弹也有一定的杀伤力，也不能逆，也需要等待其势头减缓之后，再去接。在趋势还没有减缓时就逆势开仓，这是不对的，至少应该在K线图中看到十字星走势、冲高回落走势、多条K线的弧形筑底或筑顶走势，对于光头光脚的大阴线或大阳线，或连续上涨或下跌的中小阴线或阳线，即使是顺大势逆小势，也不能去逆。"下落的刀子不能接"，要等趋势的斜率降下来，或者至少出现一两个十字星K线，再去考虑，即使是顺大势逆小势，也必须要等。

（2）不能逆资金势和政策势。央行连续大额净投放，资金面也没有边际收紧的迹象，即使是到了阻力位，即使是顺大势，没有政策面或者资金面的边际变化，最好不要逆势而为之。没有政策和资金的加持，债券投资的胜率会很低。

（3）要耐心等待。一是要耐心等待"回踩、支撑、突破"的入场条件成熟再入场。二是要在回踩或支撑入场时，等到趋势减弱再入场。很多时候，我们还没有等到入场条件成立就急不可耐地杀入，总是担心这次不一样，生怕错过机会，但其实错过就错过了，宁愿错过，不可做错。这里的"做错"，指没有严格执行交易系统的操作。一次回踩或二次支撑都会被"跌了，有希望"的人性弱点所驱动，让我们没有耐心等到入场条件的完全成熟，总是让我们按捺不住寂寞提前入场。

所以，即使是顺大势，也不能随便逆小势。顺大势逆小势地入场操作前，要先问自己：

（1）是否符合入场条件？是否符合"区块链"入场条件？如果不符合，就继续等。

（2）是否逆了资金势？资金面是否有边际变化？如果没有，不能逆资金势。

（3）K线斜率是否减缓或出现十字星？如果没有，不能逆情绪势。

# 第 3 章

# 进二退一

在很多趋势中，都有"进二退一"这样一个波动规律。它不是标准，却可以作为标准，去衡量趋势的强弱。

情绪越好、斜率越大，则趋势越强，回调深度越浅；情绪越弱，斜率越小，则横盘越久，回调深度越深。

进的大于二，代表趋势更强；进的小于二，代表趋势减弱。退的小于一，代表趋势更强；退的大于一，代表趋势减弱。

## 趋势动力分割线：进二退一

虽然从策略上我们知道顺大势、逆小势，但对于小势回撤到什么程度才能入场，我们心里常常没底。因为没底，所以又常常会被市场情绪带动，不敢真正逆势下手。我们会担心市场还要继续调整，甚至担心趋势已经反转。然而，当小势中的价格由低位开始上涨时，又开始后悔没有在最低价时介入，总是左顾右盼，犹犹豫豫不敢下手。要想避免这种不敢逆小势入场的心态，必须要有一个信号或者参照，不能只靠一些定性的口号策略，凭感觉操作。越是凭感觉操作，就越给人性弱点留下发挥的空间。所以，必须尽量量化，有量化数据作为参照，我们心里才能有底，才不会犹豫纠结。

那么，什么是"顺大势、逆小势"的参照呢？一个重要的参照就是"进二退一"。

在投资中，无论是在债券市场、股票市场，还是在期货市场，再强的趋势也要有回撤，而回撤的幅度各有不同，有深有浅。直观来看，有以下规律：情绪越好，斜率越大，则趋势越强，回调深度越浅；情绪越弱，斜率越小，则横盘越久，回调深度越深。

根据实战经验，我们以"进二退一"为趋势动力强弱的分割线，回撤小于等于 1/2 的，表示趋势很强，大于 1/2 的，表示趋势减弱。先抛开"区块链"系统组合的原理和概念，单独来看"进二退一"。一个"进二退一"的组合，就代表一波"浪潮"。小浪组成大浪，大浪组成趋势，趋势就是在这滚滚向前的一浪浪行情中，不断发展的。月满则亏，周而复始。为什么以"进二退一"为趋势动力强弱的分割线？因为很多时候，市场都是以"进二退一"的规律向前推进的（见图 3-1）。

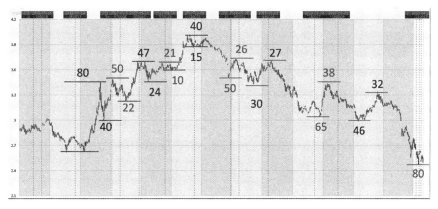

图 3-1 2016 ~ 2020 年十年国债"进二退一"示意图

先看一些小区块的"进二退一"。

2019 年 11 月 5 日，央行下调 MLF 利率，十年国债收益率由高点大幅下行 6.75bp，之后三个交易日最高反弹了 3.75bp，最后趋势性下行，进二退一。

2019 年 11 月 11 日，因社融数据远低预期，十年国债收益率由高点大幅下行 7.5bp，次日收益率反弹 5bp，进二退一。

2020 年 2 月 3 日，因新冠肺炎疫情的避险情绪影响，十年国债收益率从春节前的 3.0% 断崖式下行 20bp 至 2.80%，之后两个交易日反弹了约 10bp，至 2.90%，最终趋势性下行，进二退一。

再看一些大区块的"进二退一"。

2018 年 1 月 20 日 ~ 4 月 18 日，十年国债收益率由 4.0% 下行至 3.5%，下行幅度 50bp，之后在约一个月内回调 26bp，回调 52%。

2018 年 9 月 20 日 ~ 2019 年 1 月 16 日，十年国债收益率由

3.70% 下行至 3.07%，下行幅度 63bp，之后在约 3 个月内回调 36bp，回调 57%。

2019 年 4 月 24 日 ～ 8 月 15 日，十年国债收益率由 3.43% 下行至 3.0%，下行幅度 46bp，之后在约 3 个月内回调 32bp，回调 69%。

此外，在 2016 ～ 2017 年的大熊市及 2018 ～ 2020 年的大牛市中，大的趋势也符合进二退一的规律（见图 3-1）。

从顺势投资策略上来说，进二退一，进二是方向，退一是机会。

当然，这不是所有的规律，但是，我们却可以以此为一个参照，去判断市场趋势动力的强弱。如果把"进二退一"看作一个标准趋势，那么，进二之后：退的小于一，代表趋势更强；退的大于一，代表趋势减弱（见图 3-2、图 3-3）。

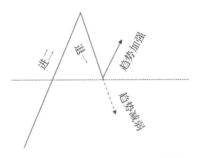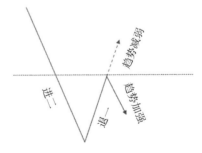

图 3-2 上行趋势"退一"强弱图　　图 3-3 下行趋势"退一"强弱图

退一之后：进的大于二，代表趋势更强；进的小于二，代表趋势减弱（见图 3-4、图 3-5）。

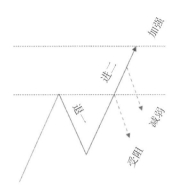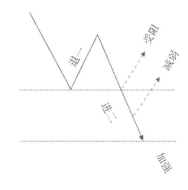

图 3-4　上行趋势"进二"强弱图　　图 3-5　下行趋势"进二"强弱图

# 进二退一的运用

## 斐波那契 VS 进二退一

在一个区块内，如果单独来看一次回调波动，当市场回调至1/2 的位置时，盈亏比为 1，如果进一步回调至 2/3 的位置，盈亏比为 2，越接近区块的边缘支撑线，盈亏比越大。如果顺大势逆小势地入场的话，止损位就是区块的支撑位。来到 1/2 的位置就是进入了射程范围，但因为 2/3 的位置的盈亏比更大，所以这个位置更好。当然，越接近支撑位，盈亏比越大。但在"区块链"策略中，1/2（进二退一）与 2/3（进三砍二）是两个重要的位置，尤其是 1/2 的位置，它的参考作用更强（见图 3-6）。

我们再结合斐波那契回调线（见图 3-7）来看。斐波那契是一种极为古老的数学方法，它涉及一组奇异的数列 1、1、2、3、5、8、13、21、34、55、89、144、233……该数列具有神奇的特性：任一数字都是前面两个数字之和，前一数字与后一数字之比趋近于固定常数 0.618。因此，61.8% 就成了斐波那契的关键比率，也被称作"黄金比例"。该数列可以推导出五个重要的数字 23.6%、38.2%、50%、61.8%、80.9%。在上升趋势的回调过程中，38.2% 为强势回调位，回调在此止步，趋势将得到加强。

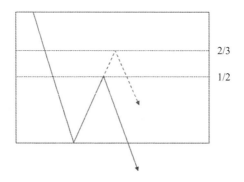

图 3-6　进二退一与进三砍二

图 3-7　斐波那契回调线

斐波那契在实战运用中较为复杂，其实可以简化为进二退一。"进二退一"正好对应 50%，2/3 约为 67%，正好处于 61.8% 与 80.9% 之间。

在 2016 年 10 月至 2018 年 1 月的趋势性大熊市中,中级别的调整大概有 5 次,进二退一(50%)出现 4 次,38.2% 出现 1 次(37.5%);

在 2018 年 1 月至 2020 年 4 月的趋势性大牛市中,中级别的调整大概有 7 次,38.2% 出现 2 次,进二退一(50%)出现 2 次,61.8% 出现 4 次。如果再细分来看,2020 年 1 月至 2020 年 4 月,明显的调整大概有 3 次,38.2% 出现 2 次,50% 出现 1 次。

在 2014 年 1 月至 2016 年 10 月的趋势性大牛市中,中级别的调整大概有 7 次,38.2% 出现 3 次,61.8% 出现 4 次。

虽然斐波那契回调线一共有 23.6%、38.2%、50%、61.8%、80.9% 五个位置,但因为前两者、后两者相差太近,实际运用起来太复杂,基本只取 38.2% 和 61.8%,再加上 50%(进二退一),就够用了。

另外,38.2%、50%、61.8% 这三个调整分别可称为小幅调整、中幅调整、大幅调整。回调 38.2% 代表趋势性很强,这种幅度的调整可以考虑放弃,不做波段操作,因为区块内的盈亏比太小了,连 1 都不到,完全没有必要折腾。而对于 50% 及以上的调整,可考虑波段操作。当然,这只是理论上的策略,因为只有事后我们才能确定到底调整了多大幅度。假设在刚开始调整时没有卖出,或者直接不考虑逆大势来做波段,那剩下的就只是考虑调整到什么位置顺大势加仓操作了。

当我们用顺大势逆小势的策略入场时,如果是在"区块链"的趋势(链)中,我们就在"退一"时顺势操作,止损点就设置在

V 字外破的区块翻越点；如果是在"区块链"的震荡（区块）中，我们就在回调到 2/3 的位置之后，盈亏比更大时，再顺势操作，止损点就设置在区块内破的阻力线上。

## "进二退一"强弱测试法

如果我们把"进二退一"看作一个趋势的标准形态，那么：当进的大于二、退的小于一时，趋势很强；当进的小于二、退的大于一时，趋势转弱。

从"区块链"技术原理来看，假设一个趋势是由一个个"进二退一"的走势组成的，那么，它就是由一个个没有链且空间相等的区块叠加而成的。但现实中这是不可能的，在一段趋势性行情中，一定会有链出现，因此，就会有"进的大于二、退的小于一"的情况发生，否则就只有区块的叠加，而没有链了。

"进二退一"要拆成"进二"和"退一"两个层次来看。

"进二"，代表前进动力的大小。如果前进的动力减弱，那么，市场前进的幅度就不会是"进二"，而是小于"二"（见图 3-8）。

"退一"，代表前进阻力的大小。如果前进的阻力增强，那么，市场回撤的幅度就不会是"退一"，而是大于"一"。

我们以一个个微观的"进二退一"为参考，来看连续的区块方向：

区块不翻越，趋势不改变；区块一翻越，趋势就改变。在强

图 3-8 "进二"前进动力趋势

劲的趋势上，区块之间不会发生重叠，回撤不会进入前区块区间，一旦进入，就代表"区块翻越－趋势反转"。当然，在趋势中，也常会有刺穿前区块（重叠），但又延续原来趋势方向的情况，我们可以将其称为"假翻越－假反转"。就像 V 字假回穿或假突破，在短暂回穿前区块之后，很快又被趋势的力量给赶了出来。

这就像打仗，一个个区块就是一座座城池，每一座城池都需要通过敌我双方的战争来获得，当强大的一方打败弱者后，城池就被归入获胜者的势力范围。然而，战场形势瞬息万变，失败方一旦反扑，并攻破了城墙，就代表敌我双方的战场形势发生了扭转（区块翻越－趋势反转）。当然，守军可以再次组织抵抗，把敌人从城中赶出来，让原来的形势得以延续（假翻越－假反转）。

但是，如果敌人不但攻破了城门，还把守军给打出了城，那就代表守军彻底溃败，大势已去。

在标准情况下，一旦回撤进入了前区块，就代表原大趋势方向上的推动力，已经抵挡不住反方向上的阻力，相当于敌方已经破城杀入了大本营。这时趋势已经改变，但还不算全面溃败。如果回撤突破了整个区块，那就代表原大趋势上的大本营丢了，这就是全面彻底地溃败了（见图 3-9）。

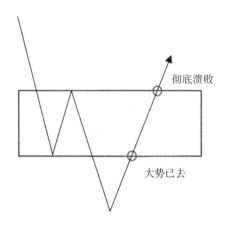

图 3-9　区块趋势反转

当收益率的大趋势是向下运行时，"进二"就意味着一波下行的空间至少应该是前区块的两倍，否则在"退一"时，就会回撤到前区块之内，就代表 V 字外破，原趋势已经改变。还有另一个视角是"退一进二"：如果在开始下行时，下行的空间没有达到之前"退一"的两倍，即"退一"后没有"进二"，那就预示前进动力不足，趋势减弱。

总之，如果把"进二退一"的节奏看作一波趋势行情最标准和最正常的节奏，那么，进的不是二或退的不是一，就属于异常情况，就需要予以警惕和关注。

"进的大于二，退的小于一"代表趋势过强，"进的小于二，退的大于一"代表趋势转弱。

如果"进的小于二，退的大于一"，未来再次探顶或探底时出现"假突破，真反转"的概率就会增加。

其实，我们不但能用"进二退一"的规律来检测趋势的强弱，还能够预测未来趋势前进的空间。

趋势性行情的未来走势，无非就是趋势继续和趋势结束，所以我们可以有两种假设：一是趋势可以延续，二是趋势不可以延续。

如果之前的行情走势符合"进二退一"，甚至强于"进二退一"（进的大于二，退的小于一），就说明趋势属于正常的形态，这时我们首先假设趋势是可以延续的。那么，当价格突破前区块上、下限阻力位，即多头、空头核心基本盘阵地，沿着原有趋势"出城"攻城略地时，突破前区块阻力位后的空间至少应该与新起点位置到区块区间下限位置之间的空间相当，即一波下行或上行的空间至少应该是下行或上行的起点位置到区块区间下限位置的两倍，即前进的空间是"退一"的两倍。

前文假设趋势延续，而如果趋势不延续了，那当价格在区块内顺大势前进时，就会被区块边缘的阻力线所阻拦，或者突破了，但"进的小于二"（变成实质上的假突破），这就预示未来行情可能会出现反转。

另外，还有一种判断趋势动力的视角可供参考。它用趋势中前进的新增空间，来衡量趋势方向上阻力的大小。新增的空间可以看作士兵出城（突破区块）开拓新的疆土。如果新开拓的下行空间较前一个区块更大，就说明前进动力更强、反抗力量变小；如果新开拓的下行空间较上次小，就说明前进动力变弱、反抗力量变大。

2020 年 5 月初，债市由牛转熊，在牛熊交替的拐点，让我们用"进二退一"强弱法，以及"区块链"策略，来复盘当时的情景。

先看 2020 年春节之后的市场状况，当时因新冠肺炎疫情导致的避险情绪及政策宽松的推动，债券收益率出现趋势性下行。以十年国债收益率为例：春节后第一个交易日砸出一个区块底部，最低到 2.80%，与之前的区块底部 3.07% 相比，下行 27bp，之后出现第一次进二退一；然后下行，最低至 2.51%，下行 29bp，再次进二退一；然后再下行，最低至 2.47%，下行 4bp，再次进二退一；然后再下行，最低至 2.46%，底部还抬升了 1bp。

区块底部落差分别为 27bp、29bp、4bp、-1bp，从数据的变化能够明显看出，向下前进开疆扩土的动能在减弱，前进方向上的阻力越来越强。虽然套利空间较大，但从现实的多空力量对比上看，继续下行的阻力已经越来越大，市场横盘或反转的概率也越来越大。

底部落差越来越小，说明阻力越来越大，同时也说明调整的拐点可能在临近。一旦区块翻越，就说明趋势反转了。也就是说，在区块翻越、趋势反转之前，会有区块底部落差减小这个先兆。当落差逐级减小时，我们需要提高警惕，为可能的区块翻越做好预案。

再看拐点前后的市场表现（见图 3-10）。2020 年 3 月 9 日，十年期国债收益率最低下行至 2.51%，之后最高回调 23bp 至 2.74%，大约是前期下行幅度 49bp 的一半，符合"进二退一"的标准趋势动作。从 3 月 18 日开始，收益率开始下行，在这个时候，我们可以有三种假设：

（1）标准趋势。标准下行趋势仍将延续，即"退一"后继续"进二"，十年国债收益率将突破 3 月 9 日 2.51% 的低位，继续下行 23bp，至 2.28%。

（2）强劲趋势。下行趋势更强劲，"进的大于二"，即十年国债收益率将突破 3 月 9 日 2.51% 的低位，继续下行超过 23bp，较 2.28% 要更低。

（3）减弱趋势。下行趋势减弱，"进的小于二"，即十年国债收益率未能突破 3 月 9 日 2.51% 的低位，或者突破了，但继续下行的空间明显小于 23bp。

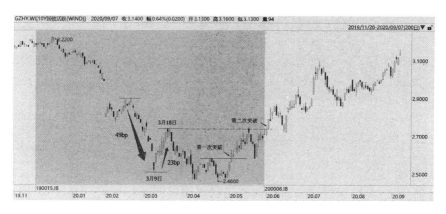

图 3-10 2020 年趋势反转

我们来看实盘走势的结果：十年国债收益率在 4 月 7 日盘中突破了前低点 2.51% 至 2.47%，在之后的约两周时间里，并未进一步扩大下行空间，反而震荡上行了 11bp，之后又连续 4 个交易日下行，在 4 月 24 日小区块二次探底，盘中最低下探至 2.46%。之后还是没有进一步扩大战果，在底部徘徊几个交易日后，收益率开始掉头强势向上，仅 3 个交易日，就上行了 16bp，在 5 月 7 日第一次发生了小区块翻越，并快速远离阻力线，6 月 2 日第二次翻越了更大的区块，同样是快速远离了阻力线。如果说第一次突破时，区块太小，不敢确认"区块翻越 – 趋势反转"的话，那么，第二次突破后，就可以正式确认中趋势真的发生了反转。作为多头，真的要扭转思想，顺应上行的新趋势了。

# 第 4 章

# 突　　破

突破突破，在突不在破，有突才能破。突破就是突围，就是战场上的敌我争锋。掌握了突破的典型特征，才能辨别真假突破，才把握住真正的趋势力量。

突破，必须矫枉过正，不过正不能算真突破。市场一旦突破阻力线，必将快速远离阻力线。胜利的一方必须长驱直入，用排山倒海之势，让敌人无还手之力，仓皇溃败，快速撤离阵地。

## 突破的典型特征

### 突破，就像打仗

在"区块翻越 – 趋势反转"中，有两种翻越形式：区块内破，V 字外破。市场如战场，多空双方就是敌我双方，我们从战争的角度来理解多空之间是如何"逐鹿中原"的。

### 1.区块内破

市场横盘后形成的每一个区块都像是多空双方争夺的战场，而链则代表溃败一方的逃亡路线，当然，也是胜利一方的康庄大道。

在收益率趋势性下行的过程中，市场开始震荡，这代表空头不再一味溃败，而是组织了有效的反击开始抵抗，并形成了一个区块。这个区块就是多空双方互搏的战场，其上下限分别代表多空双方各自划出的战壕。区块下限是空头开始反攻的位置，区块上限是多头忍让和战术撤退的极限。区块上限再往上，完全属于多头打下的地盘，是多头奋力保卫的土地，是绝对不可逾越的。然而，不可逾越并不代表不能逾越，区块上限一旦被空头攻破，就代表多头的最后一道防线被击穿，战场形势就会逆转，即发生"区块翻越－趋势反转"。其实，无论哪一方被对手击败，被逐出阵地之后，战场都会完全变成获胜一方的势力范围。

在下行过程中，多空双方经过第一回合较量后，确立和划出了各自的底线阵地及战场范围，并在这个范围内开始第二、第三回合的较量（横盘震荡）。那么，趋势到底是要改变，还是要延续，要看双方在战场（区块）内较量的结果。如果空方将多方赶出战场（收益率上行突破区块上限），就代表空方获胜，"区块翻越－趋势反转"（见图 4-1）；如果多方将空方赶出战场（收益率下行突破区块下限），则代表多方获胜，趋势还将继续。

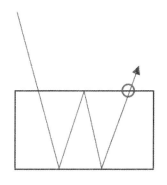

图 4-1　区块内破反转

### 2. V 字外破

正如前面对区块内破的描述，区块内反复震荡争夺，只是代表趋势的力量减弱，但并不代表趋势已经反转。市场未来如何发展，还要看双方在这个区块内争夺的结果。这个区块只是一个战场，还分不出来到底是谁的地盘。如果收益率向上突破，代表地盘归空方；如果收益率向下突破，代表地盘归多方。在空方被多方赶出区块后，区块就不再是双方的争夺之地，而是彻底被纳入了多方的势力范围。在区块之外，即空头被多头赶出战场之后，又有两种情况。

一是假突破。还是以收益率趋势性下行为例，空方虽然被赶出战场（区块），但并没有逃之夭夭，而是在区块的边缘负隅顽抗，甚至可能夺回原来的阵地，再次回到区块内战斗。这时多空双方依然没有完全分出胜负，但作为趋势上的进攻方，多方被空方反复阻击抵抗，力量和意志也会开始减弱。所以，在向下假突破的情况下，突破区块上限才代表趋势真正反转（见图 4-2）。

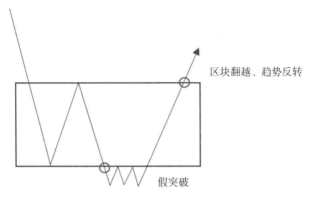

图 4-2　区块假突破、真反转

二是真突破，空头彻底溃败，很快便脱离战场。真突破后又有两种形态，一种是在更低的新空间上形成了新区块，如果向上突破新区块上限，就代表"区块翻越、趋势反转"（见图 4-3）；另一种是根本没有在新空间上形成新的区块，多空双方并没有在新的空间上拉开架势争夺一番，多头直接被空头打回之前已经被多头完全占领的大本营（前区块），这种情况就是 V 字外破。如果空头推动收益率向上突破了前区块的下限，就代表区块翻越、趋势反转了（见图 4-4）。

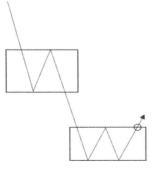

图 4-3　真突破、新区块

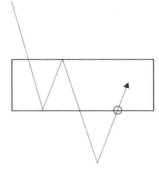

图 4-4　真突破、V 字回穿

突破区块边缘，有的时候只突破一点点，有的时候突破得却很远，那么，到底突破多少算是快速脱离了区块的真突破呢？这个确实没有一个量化的标准。不过我们可以用"进二退一"这个标尺做大概的估算，如果在区块内和突破后合计能够走出"进二"的水平，就可以说是脱离了前区块的真突破。

## 突破突破，在突不在破

突破有一个重要的特征：一旦突破阻力位，必将快速远离阻力位。即胜利的一方必须要有排山倒海之势，让敌人无还手之力，仓皇溃败，快速撤离自己的阵地。虽然失败的一方可能还会组织反扑（回踩），但其阵地都已经被别人占领了，再夺回来很难。表现在市场中就是，一旦突破阻力位就会快速远离阻力位，这是真突破的首要特征。如果没有快速远离，则说明进攻的力量不占有压倒性优势，反抗的力量依然顽强，反抗的一方并没有完全放弃自己丢弃的阵地，这就可能是个假突破。

既然真突破往往势头很猛，会很快脱离阻力位，那我们反过来思考：如果价格在突破阻力位时势头很猛，以大跌或大涨突破，呈现出跳空或光头光脚的大阴线或大阳线，那么就表示市场情绪非常悲观或乐观。而高涨的情绪是有惯性的，所以这个时候的突破大概率就是真突破。不过，真突破往往会在快速远离阻力位后，因用力过猛而损耗前进力量，这时市场会出现一定幅度的回踩。但只要没有回踩到之前的区块内，后面市场就会沿着趋势方向继续前行。

矫枉必须过正，不过正不能矫枉。真突破时，伴随着猛烈势头的一般是成交量的明显放大。就像打仗时攻城守城一样，要想真正攻破或守住城门，双方一定会派出最强悍的力量，此时双方的伤亡很大（成交量放大）。一旦攻破，攻方的战士就会蜂拥而入，并有后续力量跟进。攻方必须快速、长驱直入地深入敌营一段距离，否则即使攻破城门，也会在瓮城内被灭掉。所以，要先打出战略缓冲区（快速远离），后面即使敌方反扑（回撤），也能以城门（被突破的阻力位）为底线，进行战术撤退。

相较真突破而言，假突破在形态上的特征是：

（1）假突破在突破时的势头不猛，闲庭漫步地小幅波动；

（2）因为势头不猛，所以假突破不会有突破后快速远离阻力位的特征，而是在阻力位附近，以小幅阴涨阴跌的方式，反复磨顶磨底，一会儿跨过去，一会儿又回来，总是拉不开与阻力位的距离；

（3）成交量放不大，没有成交量的配合，趋势惯性就很小。

另外，从时间止损的角度看，破位（突破阻力位）看三天。破位后的两三天很关键，如果两三天内市场情绪继续发酵，并快速远离阻力位，那么大概率就是真突破；而如果两三天内，幅度明显变小，甚至又回到了区块之内，那就有可能是假突破。当然，有的时候一天就可能把突破的距离给完全拉开。

还有一种真突破的情形是，在区块内就开始连续大幅度上涨或下跌，先支撑再突破，一气呵成，快速支撑并突破阻力位，在突破后虽然斜率会小些，但因为其连续动作的起点是区块内的支撑线，所以这种突破往往也是真突破。例如，2020 年 5 月初十年国债收益率的快速上行，就是一气呵成地用了三天时间，由区块底部支撑到顶部突破，快速完成了区块的翻越。2019 年 4 月初也是如此，由底部支撑到顶部突破，三天时间，一气呵成（见图 4-5）。

图 4-5　三天快速突破区块

突破突破，在突不在破，先突才能破。突是原动力，破只是突的结果。突得有力，才能真破。好的突破点，价格上要形成连续的上涨或下跌，斜率要高，K 线的引线要短，这说明一方力量非常强势，势不可挡，完全一边倒。但是，如果突破后即开始陷入震荡，就说明在这个位置上，多空双方分歧较大，一方还在抵抗，不肯放弃阵地。

真突破是有惯性的，因为人性是有惯性的，既然能突破重兵把守的关键点位，就说明获胜一方情绪高涨，定会乘胜追击，而战败一方则士气低落，落荒而逃。既然已经疯狂，那么情绪就有惯性，就不会再在阻力位附近徘徊，否则就不是真突破，就不是完胜，而有可能被敌方反扑。所以，真突破一定会再下一个台阶，而不是在敌方阵地前徘徊。

回踩、支撑、突破是"区块链"策略的三大入场动作，其中之一便是突破。在突破时，我们是不知道到底是真突破还是假突破的，除非我们在突破时不入场，而是等待几天后再入，但等待就意味着错失机会。如果是真突破，市场很快脱离阻力位的特征会导致在你等待两天后，一波行情都快要过去了。所以，在突破时，管它是真突破还是假突破，先入场再说。如果是真突破，市场会很快脱离阻力位；如果是假突破，市场就会来来回回震荡，即没有出现快速远离阻力位的情景，这时我们就可以选择时间止损离场；如果回到区块之内，则代表突破失败，那就需要空间止损了。以前我一直有个疑惑，就是在突破入场后，如果市价没有很快离开阻力位，而是围绕阻力位来回穿越，那岂不是要来回入场、止损？其实，遇到这种情景，我们出入两三次，就能感受到市场是不是在没有方向地弱势横盘。既然不符合真突破典型的"在突不在破"的场景（快速远离阻力位），那就可能是假突破，入场一两次后，就可以选择先离场等待，待市场给出明确方向后再入场。

在重要的整数关口和区块上下限，突破往往不是一次就成功，而是要经过反复测试。2018年11月14日，十年国开债180210收益率向下突破了4.05%的阻力位，这个位置在2018年7月19日和8月6日两次突破未果，而11月14日第三次突破后，收益率继续下行，迅速脱离4.0%，11月19日已至3.825%，突破时的力度非常大。之后三个交易日，小幅碎步回踩至3.92%，便再度趋势性下行（见图4-6）。

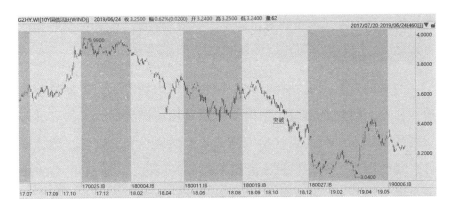

图 4-6　2018 年 11 月突破阻力位

　　突破在突不在破，真突破强劲有力，很快脱离阻力位。其实，真支撑也有同样的特征，即在遇到支撑位时，会用大上或大下的方式，快速脱离支撑位。所以，在区块内，一旦遇到得到支撑并快速远离支撑位的情形，就要特别予以关注，因为市场有可能会沿着这个方向突破区块的阻力位继续前行。

## 假突破，真反转

### 假突破往往是真反转

　　在"回踩、支撑、突破"三个入场动作中，突破的盈亏比最小，所以一定要用大胜率的顺势来追涨入场。在突破入场时，不但要顺势，而且要符合快速远离阻力位的特征，否则就要小心假突破。假突破是陷阱，是欺骗行为，但也暴露了真实的方向，很可能是假突破、真反转。如果我们抓住一次假突破、真反转，并且顺着反转后的趋势入场，在操作上就有大胜率和大盈亏比，利润空间会非常大。突破，在突不在破。如果是真突破，会有更多的技术跟风盘和踏空后悔盘加入其中，气势如虹，快速离开阻力线。

突破的时候去追，在心理上较回踩时入场更难受，而且因为盈亏比小，风险其实较大。因为一旦是假突破，那后面的真反转就真的是买在了最高点，给人站岗了。所以，在突破时去追，条件一定要更加严格，如果不能很快脱离突破位（建仓成本线），那就可能是假突破，因为这不符合真突破的典型形态。此时就应该时间止损，先出局观望，等待下个标准动作"回踩、支撑、突破"成立时，再选择入场。尤其是逆大势，突破后没有很快脱离突破位，假突破的概率就会很大。

当市场突破关键点位时，我们是不知道到底是真突破还是假突破的，只有事后才能看得清楚。一种傻瓜式的操作就是，一旦突破，就立刻执行入场或出场的相应操作，而如果是假突破，则立刻反向操作。之前很多次犯的错误是，在债券收益率向上突破后卖出，但其实是假突破，很快（两三天后）收益率就下来了，但自己却因为心理上的惯性，一时半会儿转不过弯来。要么太贪婪，希望收益率再上一点后再下手，要么在收益率下行到了自己卖出的点位下方后不爽、不甘心，还想让收益率再回到自己卖出的点位后再下手。总之，在出现假突破后，要么突破时根本就没有操作而侥幸躲过，要么突破时操作了，但假突破回来时心里又很难接受，转不过弯来。

如果我们认识到，假突破是一种价格的欺骗行为，真正的方向是突破后的反方向，那么，当出现突破又回来的假突破时，我们就能更加自信地反手操作，而不是被操作后的思维惯性所束缚，也不会觉得被左右打脸而不甘心。出现突破，如果被欺骗，已经做了操作，那么，无论早晚，只要没有到下一个阻力位，就应该赶紧反手操作。

前文说的是在不分辨真假突破的情况下的无脑操作，虽然假突破都是事后才能看出来的，但如果能事先总结出什么情况下更可能发生假突破，就可以达到事半功倍的效果。结合"区块链"策略，我们从以下几个视角来观察假突破：

（1）突破看当天。盘中突破，但收盘时又回到阻力线之内，出现长长的影线。这说明突破的阻力很大，当天就被对手打了回来。

（2）突破看三天。突破三天内回来，突破区块区间上下限后，并没有强有力地继续向前运行，而是在阻力线附近横盘两三天，再回到阻力线之内，最终形成假突破。

在突破后，需要高度密切观察三天，很多假突破都会在三天内被对手打回原形，回撤到区块之内，而如果是真突破，三天内会很快远离阻力位。

在具体策略上，如果观察三天再下手的话，有可能会错过很大的盈利空间，为了避免这种情况，可以在突破当天先做相应的操作。如果是假突破，那市场就不会在三天内很快远离区块，而可能会震荡。如果是这种情况，那么就反向平仓，不要恋战。

（3）突破看区间。与（2）中的情况类似，在突破之后，并未强力进一步推进，而是开始在突破口之外弱势回踩，并形成一个新的窄幅横盘区块区间。按照之前的经验，这个横盘持续时间越长（10个交易日以上），越可能是顺大势方向的真突破。如果这个窄幅横盘区块区间再被突破，那就是真突破，如果再回来，那就是假突破了。

（4）突破看明暗。我们知道，阴涨阴跌最可持续，如果突破时是没有原因的连续性阴涨或阴跌，可能就是真突破，因为阴涨或阴跌还在发酵中，是"买传闻"的过程，后面还可能会有持续的动力。

如果突破时是明涨或明跌，那么可能就是假突破，因为明涨或明跌是"卖新闻"的过程，之前逻辑已经集中爆发了一次，已经变成了明牌，在突破时可能后劲不足，成为强弩之末，容易形成假突破。

（5）突破看大势。牛市真突破多，熊市假突破多。

## 用顺势降低假突破和真反转的概率

逆势突破多为假，顺势突破多为真。所以，逆势突破去追很危险，反而应该顺大势逆小势地操作，不但安全，而且获利更大。突破时下手，虽然胜率大，但盈亏比小，因为你没有赚到震荡区块内的空间。

突破时最需要注意的是假突破，支撑时最需要注意的也是假支撑。所以，无论是在突破时入场，还是在支撑时入场，都要做好止损的计划。

顺势，真突破多，假突破少；逆势，假突破多，真突破少。

顺势，真支撑多，假支撑少；逆势，假支撑多，真支撑少。

顺势，真多假少；逆势，假多真少。

不积跬步，无以至千里。任何趋势的形成都是小浪组成大浪，大浪组成趋势。而任何趋势的改变也都是小浪反转组成大浪反转，大浪反转组成趋势反转。我们只有在回头看时，才知道大趋势已经改变，但身处其中，我们必须要看小浪是否反转，小浪反转代表小势反转，但在大浪中，也可能只是一次反弹，而只有大浪反转时（大区块翻越），才能确定趋势改变。但如果看大浪来确定趋势改变，就已经很晚了。所以，我们需要看小浪做大浪，哪怕大浪只是反弹，而非反转，也要看小浪做大浪。

无论从心理上，还是从实际的盈亏比上，在三个入场动作中，回踩和支撑入场要优于突破入场。回踩或支撑发生在回撤之后的价位，这属于折扣价，从人的心理上来说，有点讨了便宜的感觉，人们更容易接受，且从盈亏比的角度看，盈亏比较大。而突破后的价格，是涨价后的价格，人的心理上会觉得有点吃亏，毕竟比前面入场的价格要更贵了。从盈亏比的角度看，如果算上突破前已经上涨的空间，盈亏比小了很多，这时入场就不能回头看突破之前的价格了，而要看未来的空间，这需要从突破时算起，因为价格已经到了一个新的高度。所以，突破时入场，未来的盈亏比到底能有多大，心里一般会没底，也就容易产生恐高的心理，这就要看趋势到底有多大了。但这必须有一个参照，否则在突破后，就无法估算盈亏比。这就需要我们在更早的位置找阻力位。

回踩、支撑入场，重在盈亏比；突破入场，重在趋势。

回踩和支撑入场最怕的是假支撑，而突破入场最怕的是假突破。所以，在回踩或支撑入场时，一定要大顺势，用大顺势来降低假支撑的概率。多数时候，逆大势容易发生假突破，顺大势容易发生真突破，所以，突破入场也必须要顺大势，用顺大势来降低假突破的概率。总之，用顺大势来降低假支撑和假突破的概率，即用顺大势来提高胜率。

另外，为了尽量提高盈亏比，在做错止损时尽量实现"小亏"，我们需要在回踩和支撑时，尽量在价格接近支撑线时入场；在突破时，尽量在价格刚突破时入场，因为距阻力线越远，盈亏比就越小。可是，在突破后，多远算是远，就没必要去追了呢？可以用"进二退一"来衡量，如果在突破后，与前面"退一"的回撤空间相比，已经"进二"了，那盈亏比就太小了。因为"进二"之后，有可能就会有下一个"退一"，或者离下一个"退一"已经很近了，风险越来越大。这与后文一条原则"只赚'进二退一'的钱"相吻合。如果我们没有在刚突破到"进二"之间入场，那么在"进二"之后，考虑的就不是入场的时机了，而是出场的时机了。

## 突破的运用

### 阴涨突破追，明涨突破等

做技术分析的都知道一个操作规则，就是在价格上涨突破阻力位后，入场做多。突破后的趋势才更加明朗，所以要在突破后入场加仓。然而，从实战的心理层面上看，突破后入场真的需要很大的勇气，不是说说那么简单。因为人性弱点是"涨了，有恐慌"，突破后入场，是逆人性的。上涨突破阻力位，就代表价格更高更贵了，一回头看，就会后悔没有在便宜的时候入场。其实，投资本来就应该去逆人性，越是难受，越大概率是赚钱的。

突破横盘震荡的阻力线可以分为两种情况：一种是由传闻推动的阴涨突破；一种是由新闻推动明涨突破。传闻推动的阴涨突破可以追，而新闻推动的明涨突破就要谨慎，可以先等等，等到技术性回踩后，再顺大势去追。因为新闻刺激下的大涨，消耗了太多趋势动能，短期内会有回调的可能。

（1）阴涨突破。阴涨，就是在没有传闻甚至没有任何消息的情况下莫名其妙地上涨，这种上涨更多的是趋势引力下的自然趋势。如果突破阻力位时是连续的阴涨，那么，这种突破的有效性就更好，因为阴涨、阴跌最可持续。

（2）明涨突破。如果是在新闻刺激下突破的，那大概率会出现回踩确认，因为本来在"传＋全"之后，就是要有中场休息的。其实，从人性的角度看，明涨突破已经不是逆人性，而是顺人性了，因为当一个大利多消息公布时，市场中的所有人都明白了、理解了市场上涨的原因，并且认为未来还会继续上涨，人性的弱点本来应该是"涨了，有恐慌"，但在大新闻的刺激下，人们表现出来的却是"涨了，有希望"、未来还要涨得疯狂，此时市场的成交量会急剧放大，正所谓"天量有天价"。所以，"不要在新闻出来时，与市场同向操作"，要等到新闻对市场的冲击过去，市场回踩阻力线了，再顺大势入场。当然，并不是说新闻一出，市场一涨，大趋势会在此刻结束，趋势不会因为新闻而改变，只会因新闻刺激而加速。有时新闻刺激的方向，正是大趋势的方向，这有种"仙人指路"的感觉。

横盘震荡，是多空双方都在蓄势，双方力量整体达到了一定的均衡，只是方向并不确定。要想打破这种均衡，需要更大的力量，如果这种力量是没有新闻刺激的阴涨或阴跌激发的，那自然最好，但往往市场还是需要一点催化剂才能突破，就像攻城前的战时动员令一样。

### 阴涨阴跌中的区块是陷阱，明涨明跌中的突破是陷阱

在市场上涨或下跌的趋势中，常常是涨一下，震三下，一步一个台阶地往上涨，下跌也同样是一步一个台阶地往下跌。其实，在趋势性上涨的过程中，回调震荡是最大的陷阱。人们往往拿着一手好牌，在单边上涨过程中，比较享受和自信，可一旦开始震荡，就暴露了"涨了，有恐慌"的人性弱点。有的是在第一次回撤震荡时被震下去的，有的是在第二次、第三次时实在扛不住，就受不了跑了。这正是人性弱点"涨了，有恐慌"的真实表现。回调，让恐慌中的人们认为自己的担心得到了市场的验证，更加认为自己的感觉是对的，这就让恐慌在上涨后的震荡中相互印证和自我强化，导致的结果就是容易在上涨后的震荡中犯错。上涨了，人性让你想卖出落袋为安。上车的一震就跑，没上的一直不敢上，处于踏空中。总之，在震荡中，常人眼里看到的不是上车做多的机会，而是恐慌。而另一个相反的人性弱点是"涨了，没

恐慌"：当一个新闻刺激市场大涨时，人们终于彻底想通了上涨的所有逻辑，并坚信上涨还会持续时，会完全丢弃之前的恐慌，蜂拥入市。尤其是在突破某一关键位后，更有技术投资者认为机会来了，加仓买入。为了规避这两种错误，在逆人性和技术操作上，应该按照以下原则：在逆人性操作上，"阴涨时追，明涨时跑"。在技术操作上，"区块链＋回踩、支撑、突破""区块不翻越，趋势不改变，买卖不逆势"。

为避免被震下车，要坚持用"区块链＋回踩、支撑、突破"的原则入场，耐心等待"区块链＋横盘、假假、二次"的离场信号成立，再做下一步操作。另外，区块不翻越，就代表趋势不改变，操作上就不要逆势而为，做短线和长线都是这个原则。还有，在情绪上，要做到逆人性：阴涨时，不恐慌，不回头，要敢追；明涨时，要恐慌，一落地，狠心跑。

同样，在趋势性下跌过程中，回暖震荡也是市场中最大的陷阱。空仓者本来做得挺对的，在单边下跌时，也是很享受和自信的，而一旦回暖，就立马暴露出"跌了，有希望"的人性弱点，同时会产生踏空的不爽感，很多想抄底的人在第一次或第二次震荡中就被骗上车了。而对于持仓被套者，一回调，就认为熊转牛了，真好，长出一口气，但也不会卖出，因为想回本后再离场。总之，在下跌时，"跌了，有希望"的人性弱点就会在回暖的震荡中，让人们认为自己的感觉被验证了，自己的判断是对的，于是纷纷被骗上车。

| 第 5 章 |

# 趋　势

趋势很难改变，它是天时、地利、人和多方力量的综合结果。要想将其改变，同样需要各方力量形成合力。趋势要想反转，必须矫枉过正，不过正不能反转。

顺势者昌，逆势者亡。真正的大智慧，不是一有波动就闻风而逃，那只会让你小赚大亏，而是在有波动时依然能够看清趋势而岿然不动的勇。这个"勇"，不是不撞南墙不回头的蛮干，而是审时度势的执行力。正所谓勇者无敌。

趋势在，亏损是暂时的；趋势不在，盈利是短暂的。

## 趋势与震荡的形态

### 反转：矫枉必须过正，不过正不能矫枉

真突破力量强，假突破会横盘。

如果是真反转，市场逆势突破区块后，突破后的力量会非常强，不会在突破后继续横盘。如果逆势突破后横盘，即未被证明正确，这个反转可能就是假反转，市场大概率还会延续原有趋势。所以，在技术性拐点出现，即收益率逆势突破区块后，按照技术原则，要逆大势操作，如果是真突破、真拐点，突破后就不会横盘，如果横盘，那就是假突破、假拐点，这时就要平仓或反手。

矫枉必须过正，不过正不能矫枉。反转，必须有扭转乾坤之势。所以，无论是 V 字外破式反转，还是区块内破式反转，都是弱势一方扭转大势之战。试想，多空双方，有一方长期被另一方压制着无法翻身，偶尔组织一次反抗也很快败下阵来，有一天，弱势方勉强反抗站了起来，与强势方平起平坐了（刚刚触及区块翻越点）。此时，在心理上，强势一方依然强势和高人一等，他不会就此认输，只会认为对方最多也就如此了。所以，真正的反转，在区块翻越时，一定不是先与人"平等"，再争取胜利，而是直接在突破翻越点后，继续强势推进，快速远离翻越点，把原趋势力量的嚣张气焰狠狠地给打下去，先打出一定的战略空间，哪怕后面回踩，那也是战术性的休整。在战略上，一定要先矫枉过正。

这也是趋势很难改变的原因，如果不是宏观、政策、市场多因素的合力，原趋势很难轻易反转。所以，趋势真正的拐点，不是价格的最高点或最低点，而是"区块翻越、趋势反转"的区块翻越点。而且，在突破翻越点时，一定要气势如虹，不能拖泥带水。

当然，如果是顺势（支撑、突破）后的横盘，那可能就是暂时休息，趋势是否反转，还要看区块是否翻越，如果没有翻越，就耐心持有，不必诚惶诚恐。

## 宽幅震荡 vs 窄幅震荡

宽幅震荡意味着能量消耗。宽幅震荡是长途奔袭的拉锯战、消耗战，即使在突破震荡区间，也大概率不会有什么力度，因为能量已经在宽幅震荡中消耗殆尽了，所以容易衰竭成假突破。

窄幅震荡意味着能量聚集。窄幅震荡是合围战、歼灭战，双方集中优势兵力，缩小阵地范围，在此一决雌雄。双方对峙时间越长，窄幅震荡突破后，力度就会越强，延续时间也会越长（见图 5-1）。

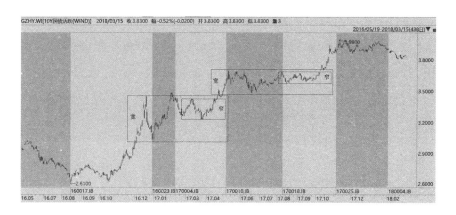

图 5-1　宽幅震荡和窄幅震荡

宽幅震荡的重心上下飘忽不定，窄幅震荡的重心基本稳定。很多时候市场先宽幅震荡，确定多空战场范围（区块），然后再逐渐收敛，窄幅震荡，聚集能量，做选择方向前的准备。所以，在大区块内，逐渐收敛而成的小区块反而更加重要，一是因为在其被突破后，趋势方向即可大概率确定，二是因为可以更早确定方向，不必等到大区块被突破时才确定。

正如开始所说，宽幅震荡是能量的消耗，是敌对双方大纵深、大迂回的能量消耗战，本来振幅就很大，在大区块内长距离奔跑已经消耗很大，再继续突破延续趋势，的确需要更大的能量。所以，客观上也需要在大区块宽幅度震荡后，将战场区域缩小，让能量集中，最后再一决雌雄，确立趋势方向。总之，大区块缩成小区块，小区块突破的方向就是趋势的方向。

时间跨度越大，空间跨度越小，测试次数越多，突破后的趋势就越犀利。

时间跨度，是指横盘的时间，少则一周，多则半年。空间跨度，是指震荡的区块空间，小则 5bp，多则 50bp。测试次数，是指阻力位被触及的次数，少则 1 次，多则 5 次。

时间跨度越大，说明多空双方博弈得越充分，了解越充分，两边几乎打成了明牌，多空论据相互了解，完全不存在什么突发的"黑天鹅"。

空间跨度越小，说明多空能量越聚集，双方越势均力敌。

测试次数越多，多空双方的敏感心理价位越是被多次触及，但又无法突破，就越说明这个点位关键、敏感，全市场都在盯着它。

## 越测越弱

每一次价格探底（收益率探顶），都是对需求的一次测试（挑衅）；每一次价格探顶（收益率探底），都是对供给的一次测试（挑衅）。

支撑位和阻力位被测试（挑衅）得越多，它们的支撑或阻力作用就变得越弱。

价格下跌（收益率上行）过程中的支撑，意味着附近有潜在的买入需求压力。如果价格不断测试支撑位，很快附近的买单就会被逐渐满足，最终无人再买入，这时候支撑位就被突破了。

价格上涨（收益率下行）过程中的阻力，意味着附近有潜在的卖出供给压力。如果价格不断测试阻力位，很快附近的卖单就会被逐渐消化吸收，最终无人再卖出，这时候阻力位就被突破了。

另外，如果市场一边不断地测试一个固定的阻力位或支撑位，另一边却被多头或空头不断地压缩空间，往被测试的一边赶，就表明主动进攻一方的力量越来越强。例如，在收益率下行过程中，回调的高点越来越低，空头被多头赶着走，多头力量越来越强。

整个过程有点像河水冲击河堤，在没有外力作用的正常自然条件下，河水不断冲刷拍打河堤，河堤不断被侵蚀，拍打次数越多，河堤被侵蚀得越多，直至最后决堤。如果河水不断地冲击堤坝，又有外力的作用把河水往堤坝一方赶，其实对堤坝的压力就增强了。

或者就像两个人打架，一方被另一方按到地上打，毫无还手之力，完全没有站起来反抗的能力。在趋势性下行之后，市场可能长时间窄幅横盘，这不一定代表趋势前进动力不足，反而是蓄势待发，趋势很可能会延续。

实盘中有这样的规律：如果十年利率债收益率超两周都在10bp 范围内震荡，就代表市场的反转力量不足，被原趋势力量按到地上，虽有反抗之心，但反抗力量不足，未来大概率还是沿着原有趋势运行。持续时间越长，说明反抗越无力无效。

（1）情景一：小翻小，大区块内的小区块翻越后，直线式窄幅震荡。

2019 年 7 月，十年国债收益率在不到 5bp 的区间内，窄幅震荡了近一个月，几乎呈一条直线横盘运行，8 月初，突破震荡区间，沿着原来的大趋势向下突破下行。2019 年 11 月再次出现了同样的情景，结果也一样是沿大势突破下行（见图 5-2）。

图 5-2　超窄幅横盘

其实，这就是市场在阻力位附近对供给的不断测试。

　　收益率在下行过程中，受到空头供给的阻力，但是，空头并没有掀起大的反弹，而仅仅出现了一个很窄的、几乎呈一条直线的区间横盘震荡。这说明两点：①空头的反击力量弱，如果强，回撤幅度就会很大，而不是很小；②空头的供给不断被需求消化和满足，最终供给变弱，供需平衡被打破，空头阻击失败，趋势延续。

　　（2）情景二：大变小，大震荡被压缩成小震荡。

　　2017年5～9月，当时债市处于熊市之中，收益率在4月份大幅上行，区块再上一个台阶，5月中旬开始，在3.70%处受到多头阻击，市场开始震荡。6月大幅下行，并形成一个20bp的大区块，之后收益率在区块内继续震荡，且底部逐渐抬升，振幅逐渐缩小，并5次测试3.70%的区块支撑位。9月，收益率被空头推升至3.59%～3.64%的5bp区间内，震荡了近一个月的时间，终于在国庆节之后第6次测试时，突破了3.70%这个支撑位，之后持续大幅上行（见图5-3）。

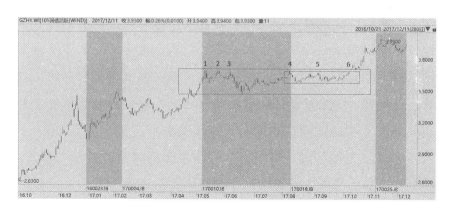

图 5-3　大区块变小区块

具体来看，从 2017 年 5 月十年期国债收益率第一次触碰 3.70% 并受到多头阻击，至 9 月末的 5 个月间，有 5 次空头探顶测试 3.70%，但均未成功突破，按理说支撑力应该很强才是。但在这 5 个月间，先是大震荡，说明多空争夺激烈，多头反攻力量很强，欲扭转乾坤；在 6 月的消耗战（宽幅震荡）之后，在大战场（区间）内，收益率的振幅越来越小，但这种振幅的缩小，并不是从上下两头往中间挤，而是振幅的底部在抬升，顶部却不变，即市场还在不断地测试（挑衅）3.70% 这个需求点。小区块底部的逐渐抬升说明，空头不断地侵蚀多头好不容易夺回来的地盘，并且时不时地去多头最后的底线 3.70% 试探一番。空头在不断地满足收益率高位区域的需求，发展到最后，把多头逼到了 3.60% 一线的高位区域长达 1 个月，几乎无还手之力。就这样，在 5 个月间，多头先是奋力反扑，像模像样地与空头打了一个消耗战，但后来空头强大的卖盘不断地给，要多少给多少，要多高给多高，直至最后多头放弃了 3.70% 防线，一泻千里地溃败了。

从上述情景中可以看出，如果收益率震荡的底部抬升，顶部却在不断地测试挑衅上限支撑位附近的需求力量，需求就会不断地得到满足并减弱。这个底部被抬升、顶部被测试、整体向顶部压缩的过程，表示空方力量更加强大，顶部大概率会被突破。但是反过来看，如果是整体向区块底部压缩，即顶部越震越低，而底部却在不断地被测试和冲刷，那么就表示多头力量更加强大，下限大概率会被突破。当然，这是正常的理解，可以将其看作，没有特别外力影响的标准情形，但很多实际走势并非如此，而是在意想不到的外力作用下（如央行政策态度转变），走出了正好相反的行情。事出反常必有妖，既然市场没有沿着正常的标准路线走，那就一定有异常的、更强的外力加以干扰。很多时候我们事后才能知道到底是什么外力，但市场走势欺骗不了我们的眼睛，但凡有这样该下不下（该上不上）的走势，且已发生了区块的翻越，就一定要相信自己的技术原则，判断趋势已经反转，而不是固执地沿着原来的思维惯性去操作。

例如，在多次测试区块底线后，并未突破底线，而是被底线支撑向上运行，就像 2020 年 3 ~ 4 月间，十年国债收益率在 3 月初探底 2.50%，然后上行回撤出一个大区块，之后在这个大区块内再一次上行，但回调的高度已经被多头压低，底部供给区域也被多头两次挑衅，卖单被不断消化，按照这个节奏自然发展下去，下限被突破只是时间问题。然而，4 月末，央行政策态度改变，收益率并没有按照标准动作向下突破，而是在第三次测试底线供给区时，快速向上突破，开启了一波熊市行情。

之前总结过趋势的标准动作"进二退一"，也由此衍生出其异常动作之一：进二小于二，趋势已减弱。按照这个逻辑，2020 年 3 月第一次触及 2.50% 并"退一"，第二次又下行触及 2.50%，但受阻没有"进二"，即"进二小于二"发生，表明前进趋势减弱，这不是与"越测越弱，越赶越强"的逻辑相违背了吗？

其实两者并不相背，"进二退一"的标准是站在区块外整体来看大趋势，"进二小于二"的确表明趋势已经减弱，但在减弱过程中所形成的大区块内部，又有更加微观的多空力量对比。如果在大区块内，有小级别的"进二退一"式的区块翻越，那辨别多空力量大小就更容易，而如果一边触及（测试）大区块边缘，另一边被赶着压缩，那就需要"越测越弱，越赶越强"来对区块内的微观世界做评判了。也就是说，"进二退一"是站在区块外看区块，"越测越弱"是站在区块内看区块。

其实，无论是用"进二退一"来衡量多空强弱，还是用"越测越弱"来检测，都有先入为主的主观意识在里面，只是对多空力量对比的参照，本身也是一种概率。我们不是根据它们去预测未来，而是在概率和试错的思维下，应对未来。

## 顺势与逆势的结果

### 趋势在，亏损是暂时的；趋势不在，盈利是短暂的

趋势在，亏损是暂时的；趋势不在，盈利是短暂的。

顺大势，即使入场点位差，一入场就浮亏，那也是暂时的，大势会抹平你入场的不足，让你的亏损很快减小。

债券之王格罗斯曾说：我从赌桌上了解到，当你看到胜利机会倒向自己时，一定要持长期观点。因为短暂的坏运气所造成的损失，会因长期趋势有利于你而被摊平。用长期观点打败人性中的贪与怕。

需要注意几点：

（1）知道你在趋势上，不要趋势已经反转了，还在死扛。

（2）在趋势没有确定反转前，心理上要能扛住。

（3）要用"区块链"原则确定趋势是否反转。

（4）要想少亏，一要顺大势提高胜率，二要逆小势提高盈亏比。

在逆小势时，越接近区块上下限，可能亏损、止损的空间就越小。用 3 ~ 5bp 的摩擦成本，换取 10bp 以上的盈利空间，绝对是一个很好的赚钱策略。假设我们"退一"入场，"进二"止盈出场，摩擦成本设置在 5bp，"进二"盈利空间是 10bp。那么，这个策略允许我们入场三次，只要一次是赚钱的，就能把另外两次亏损都赚回来。我们可以通过顺大势来提高胜率，虽然逆小势可能会因真反转而亏损，但是，只要有足够大的盈亏比，就会尽可能地压缩摩擦成本。我们往往在突破时不敢去追，主要就是盈亏比没有回踩时那么大，但突破时追却有更大更明确的胜率。不过最怕的就是假突破，为了避免假突破，最好的办法依然是提高盈亏比，即在刚突破阻力线时入场，越接近阻力线，可能亏损或止损的空间就越小。

由此可以看出，按照"区块链"原则，在回踩、支撑、突破阻力线时入场，越接近阻力线，盈亏比就越大。所以，①要尽量在回踩、支撑接近阻力线的位置时再入场，这时最需要的是"耐心等待"，因为你需要克服"跌了，有希望"的人性弱点；②要尽量在刚突破时入场，这时最需要的是敢追的勇气和果断，因为你需要克服"涨了，有恐慌"的人性弱点。

## 不能为小概率事件缩手缩脚，而要为大概率系统严格执行

在执行"区块链"策略时，我们往往会犯两个错误：在回踩入场时，找理由提前入场；在突破入场时，找理由不敢追。

为什么在市场回调（回踩）时，总是按捺不住内心的喜悦，想抢反弹呢？因为在人性弱点"跌了，有希望"的推动下，这时入场，不但不会感到害怕，而且还按捺不住冲动提前入场。因为价格打折了，有了占便宜的心态，让我们在"回踩"入场时很舒服，所以就有提前下手的冲动。

为什么在市场突破时，总是不敢去追呢？因为"涨了，有恐慌"，没有跌了能占便宜的心态，反而有涨了回头看吃亏的心态。回调（回踩）入场是顺人性的，突破入场是逆人性的，所以，回踩入场很容易执行，而突破入场就比较难。

但实际上，这两种人性的弱点都是应该克服的，克服的法宝就是顺大势。如果不顺大势，那么"跌了，有希望"就会让你不断地抄底，直到弹尽粮绝、深套其中。只有把顺大势作为前提，逆小势回踩入场才有价值，才能做到"大胜率＋大盈亏比"。对于很难过心理关的突破入场，难过的心结就是害怕买在最高点。同样，我们要用顺大势来作为前提，只有顺大势，才能大概率地让突破是真突破，未来的趋势才是真趋势。另外，也可以换个思路来看这个问题，突破入场就是突破城池去打，势头已经出来了，无须担忧。你不能因为可能被敌人打回来，就不往城外冲吧。突破入场甚至比回踩入场更应该去顺势入场，因为趋势已经形成了，这时不入场，何时入场？因为这是更加明确的趋势，趋势已经出

来了。

　　回踩入场，最怕的就是真反转；突破入场，最怕的就是假突破。在顺大势下，这些担心的"真反转"和"假突破"，都已经变为小概率事件。我们不能为小概率事件缩手缩脚，而要为大概率系统严格执行。

# 第 6 章

# 只赚顺势的钱

不抢顶，不抄底，只赚顺势的钱。

顺大势 + 逆小势 = 大胜率 + 大盈亏比。

区块之上不做空，区块之下不做多（价格）。

区块不翻，趋势不变，操作不逆势；区块翻越，趋势改变，操作反向。

在顺大势下操作，即使入场点位差一些，大势也会很快抹平你的浮亏并开始盈利；在逆大势下操作，即使入场点位非常好，大势也会很快抹平你的浮盈并开始亏损。

顺势了，时间是你的朋友，趋势可以弥补入场点位的不足；逆势了，时间是你的敌人，入场点位再好最终也会亏损。

顺大势，小亏大赚；逆大势，小赚大亏。

顺大势，修复错误；逆大势，放大错误。

投资生存的两大基本原则是：顺势而为，严格止损。

## 逆势不动，动必顺势

### 只赚顺势的钱

我在经历过无数的惨痛失败后，最后得出的一个教训是：大势就是大概率事件，只有顺应大势方向上的操作，才能大概率盈利。即使逆势方向上有机会，也不做逆势交易，因为那是小胜率事件，要主动错过。逆势操作，赚不赚钱是小事，但形成逆势的坏习惯是大事。抢顶和抄底，从"区块链"对趋势的划分看，都是在区块尚未发生翻越时的行为。

只赚顺势的钱，有两个入场时点：大势回撤时入场、大势突破时入场，即：回调入场、突破入场。

这两个时点有两个风险点：回撤可能是真反转，突破可能是假突破。

对于回撤是反转这个风险点，可以用大盈亏比来尽量减少损失、控制风险，即尽量等待回撤接近或到达前区块时再入场，止损位就设置在前区块的边缘。

对于突破是假突破这个风险点，可以用大胜率来对冲风险，突破时入场，盈亏比小，所以必须用大胜率来对冲其风险。顺势突破多为真突破，逆势突破多为假突破。所以，逆势突破不要追，顺势突破才去追。

只有区块翻越时的突破，才可逆势去追。当然，去追区块翻越时的突破，其实已经是顺着新趋势去追了。去追区块翻越时的突破，正是之前所说的先把包扔过去。要做到：看图说话，手比脑快。

只赚顺势的钱：首先，要判断趋势，趋势就用区块是否翻越来确定；其次，要判断趋势的交易级别，可以选择以日线为基础看小做中；最后，确定具体的入场时点，入场就是"回踩，支撑，突破"。

顺势突破入场时，最好在刚突破时入场，最晚不能到"进二退一"的"进二"阶段，如果在已经"进二"之后再顺势入场，盈亏比就太小了，因为已经"进二"了，后面大概率要"退一"，这时可能正好跳到坑里。即使未来大趋势还要前进来修复这个坑，你也要忍受一段时间的痛苦，何不等到"退一"时再入场呢！

只赚顺势的钱，但为什么在实盘中，我们总是不能及时从原趋势中醒悟过来呢？

因为我们总是用分析体系去"分析、预测、操作"，而不是用投资策略体系去"倾听、分析、操作"。当用常规但错误的"分析、预测、操作"来进行操盘时，你的思想会封闭和执拗。因为当你用自己的分析体系得出一个市场方向和定位后，你就会去操作下单，如果对了还好，但如果错了，就会屁股决定脑袋地做"希望分析"，向着自己仓位的方向去分析和预判，来强化已经错误的操作。

顺大势操作，即使入场点位差一些，但时间是你的朋友，大势（大胜率事件）会让你很快解套甚至盈利；逆大势操作，即使入场点位很好（盈亏比大），但时间不是你的朋友，大势很快会侵蚀建仓点位优势带来的短暂利润，最终出现亏损。曾经，我在一个月内逆势入场 10 次，9 次止损出局。运用"区块链"策略，在区块内盈亏比大时逆势入场，点位很好，实现快速浮盈，然而时间不是你的朋友，往往因为没有及时见好就收，浮盈不久便被大势侵蚀，最终以亏损出局。

所以，可以建立这样一条操作原则：只赚顺势的钱。

区块不翻越，就代表趋势未改变，所以，在区块翻越之前，不能逆势操作。只有区块发生了翻越，趋势发生了改变，才可以逆着旧趋势、沿着新趋势来顺势操作。

即使看到可能有回调，也不去赚这种小胜率的钱，宁可先平仓等待回调，之后再顺势操作，也不可逆势而为。眼里只盯着区块翻越点，只去寻找顺趋势机会。其实，顺势平仓也是逆势操作，所以在顺势平仓时，要引入时间止损，平仓后如果没有回调，即证明平仓错误，要考虑及时补回来。

因为每个人都有思维惯性，所以当市场价格突破翻越点、发生区块翻越时，要特别注意，心理上要承认趋势已经反转的事实，而不是活在原来的趋势里。区块已经翻越代表趋势已经改变，如果还沿原来的方向操作，那就是逆势了。只要区块发生翻越，就必须承认趋势已经改变，顺势操作的方向也要改变。说实话，人的思维惯性在投资中是人性的弱点，每个人都会有，它是一种线性思维，而投资却是非线性的。我们必须通过操作原则来抑制这种人性弱点。不管你的思维能不能转过来，只要区块翻越，就反向顺势；不管有没有想通，只要发生区块翻越，就先把书包扔过去，即试盘性地顺新的大势先做一笔，屁股决定脑袋的弱点自然就会发挥作用，你的惯性思维自然就会扭转过来，顺着新方向形成新的惯性思维。所以，看到区块发生变化，手要比脑快。

## 逆势不动，动必顺势

当价格上涨到高位时，我们总是会被"涨了，有恐慌"的人性弱点驱动着去做空，这是多数人的行为。但其实，在区块没有翻越之前，我们应该伺机做多，而且只做多，这才是正确的做法。如果你实在是"高处不胜寒"，可以选择空仓，但不可以逆势做空。空仓也是一种做空，只是不会因做空亏钱罢了。

高位震荡也要做多，除非区块已翻越。高位震荡不顺势，就是在犯恐高症。即使价格在高位横盘震荡，只要没有发生区块翻越，就代表趋势并未改变，就不应该去做空。在趋势中的横盘震荡，有可能是趋势的拐点，也有可能是中场休息。我们不去预测是哪个方向，但在区块翻越之前，必须要顺势操作，而且只顺势操作。切记！切记！

当然，要做到"只赚顺势的钱"，就需要在形成交易习惯之前，刻意地去练习。只有建立了"顺势—执行—赚钱—自信"这个正循环过程，才能真正克服人性弱点，只做顺势的交易。

逆势不动，动必顺势！顺或逆的那个"势"，就是"区块链"

策略确立的"势"。顺势了,时间是你的朋友,趋势可以弥补入场点的不足;逆势了,时间是你的敌人,入场点再好最终也会亏损。

# 势动,心必动

## 小区块翻越,中趋势改变

2020 年 2 ~ 4 月,在新冠肺炎疫情的刺激下,避险情绪让债券收益率趋势性下行。我按照顺大势逆小势及"进二退一"相结合的原则来操作,当时收益率的大趋势是向下的,只要"退一",就顺大势逆小势地去做多,做得非常好。但到了 2020 年 5 月市场转熊之后的一个月里,却屡战屡败,做多 10 次只赚了 1 次,胜率小得可怜,简直是市场对自己的羞辱。同样是做多,为什么会出现这种截然相反的胜率?答案就是,一个是顺大势的,一个是逆大势的。

难道我自己不知道顺势而为地去操作吗?知道。但不知道为什么,就是忍不住。而且当时也不觉得自己在逆势。亏钱了,回头看时,才发现自己在逆势操作。为什么总是在无意识中犯逆势而行的错误呢?原因有两个:

(1)大势研判上出现了错误。其实当小区块翻越时,中趋势已经改变了,但是,我还在沿着原来的思维定式操作,并没有从小区块的翻越中看到中趋势已经翻转。当时也确实没有从心理上真正彻底地认识到和承认趋势已经改变,直至大区块翻越后,才不得不承认。

（2）被人性弱点驱使。顺人性操作，自然就是在无意识中逆势。在2020年转熊之后的操作，就是被"跌了，有希望"的人性弱点驱动，总是想抄底，同时也担忧，一旦反手做空，趋势又反转，岂不是左右打脸！而且在这种心理下，还结合"区块链"策略，在收益率接近区块上限时逆大势做多。如果单纯地、静态地看区块本身的话，在收益率区块的上限做多，盈亏比确实更大，但这却严重忽略了区块本身所处的动态大趋势，也就是忽略了胜率，相当于在一个小胜率的环境中，追求大盈亏比。实际上，应该在大胜率的前提下，追求大盈亏比。

我们要先赚到贝塔（市场趋势）的钱，再努力赚取阿尔法（超额收益）的钱。顺大势，就是赚贝塔的钱；逆小势，就是赚阿尔法的钱。只要区块发生翻越，就代表趋势发生了改变，就必须顺着新趋势操作，而且只做顺趋势方向的操作，确保先赚到贝塔的钱。区块没有发生翻越时，就代表趋势没有发生改变，就不能做逆趋势的操作。虽然表达的意思一样，但必须正反两面都要强调一下。

如果我们"只赚趋势的钱"，那么，"区块链"策略可进一步细化为：

（1）入场——回踩，支撑，突破。

收益率趋势性上行，顺大势逆小势，只做空不做多：下行回踩前区块，做空；下行二次探底区块下限支撑，做空；上行突破区块上限，做空。

收益率趋势性下行，顺大势逆小势，只做多不做空：上行回踩前区块，做多，上行二次探顶区块上限支撑，做多，下行突破区块下限，做多。

（2）出场——横盘，假假，二次。

当然，以上操作的前提条件是，以区块是否翻越作为趋势方向是否改变的依据，以是否"进二退一"为趋势是否减弱的依据。趋势减弱时，可以按照"假假""二次"的出场规则，先出场观望，直至区块翻越，再沿着新趋势操作，而且必须要反手顺新大势操作。

顺大势操作，即使入场点位差一些，大势也会很快抹平你的浮亏，开始盈利；逆大势操作，即使入场点位非常好，大势也会很快抹平你的浮盈，开始亏损。

顺大势，小亏大赚；逆大势，小赚大亏。

顺大势，修复错误；逆大势，放大错误。

### 入场时先确定是顺势还是逆势

盯盘无盘，心中有盘。看盘时心中无盘，不看盘时心中有盘。

如果我们仅着眼于反弹，那么，就应当天获利了结，不应在抓反弹中打持久战，让盈利蒙蔽我们的眼睛。不忘初心，做到心中有自己的"盘"。

如果我们着眼于大趋势，且形态良好，符合了心中的那个"盘"，那么，我们就不必理会小池塘中的那点波澜，因为我们的心中是星辰大海。

越短的交易，影响因素越多，让你感觉越眩晕。越远的交易，影响因素越核心，你看得越清晰。然而，要想看到本质，就需要经历痛苦、建立投资体系、忍受短期波动、舍弃落袋为安。

在交易债券时，不要盯着期货做现货。很多人在做债券交易时，总爱盯着国债期货来分析市场，其实，当你发现机会的时候，可能国债期货一个掉头向下就扰动了你的观点，但这其实可能是个正常的盘中回调。而当你发现风险的时候，国债期货一个假回升，又会让你错失及时卖出躲避风险的良机。

国债期货具有很强的价值发现功能，但较现券而言，也更多地包含了市场情绪的波动，你如果看着它去做交易，就会完全被市场的情绪所带动，并会失去自己的独立判断。平时看看它的涨跌，来了解下市场情绪还可以，但不能盯着它的涨跌做投资决策。

建立自己的投资体系，做到盯盘无盘、心中有盘，才能真正摆脱市场情绪的摆布。

在入场时，我们就要区分开自己入场的目的，是逆势抢反弹，还是顺势赚大钱。

逆势入场，是想赚抢反弹的小钱，或者是想赚抢顶的大钱。即使自己臆想的拐点来了，想抢顶赚大钱，只要区块没有翻越，就要承认趋势没有改变。那么，你的逆势操作就是在赚小钱，在做小概率成功（小胜率）的操作。之前总结过，逆势要小富即安，不能贪婪。只要区块不翻越，趋势就没改变，所有的抢反弹都是逆势操作，都应该小富即安、快进快出。入场时就要想好小赚就跑，不要在离场后看到继续上涨而心生悔意再次入场，除非发生区块翻越、趋势改变，否则小富即安、小赚就跑。

所以，在区块发生翻越之前的逆势交易要注意两点：时间止损、小富即安。即逆势入场后，被证明对了，小富即安；未被证明正确，赶紧跑；被证明错误，坚决止损。

顺势入场，是赚大势的钱。所以不要在乎小幅的调整和回撤，除非区块翻越、趋势反转，或者用"进二退一"检测到趋势已经明显减弱。顺势入场，是赚大势的钱，记住：趋势很难改变。所以，要记住两点：

（1）不要抢顶式离场。即在趋势进行中，不要在没有任何回调时离场。

（2）不要在第一次回调时离场。既然趋势很难改变，那么，在真正改变时，就不会只回调一次，而是会二次甚至三次探底或探顶来确认。当然也不排除 V 字反转的可能，如果是 V 字，那么就以前区块为参考，翻越了就代表反转了。

当然，还要注意两点：

（1）当趋势中出现二次探底或探顶不成功，即"进的小于二"时，就要很谨慎了，这代表趋势减弱，在这种趋势明显减弱、盈亏比小的情况下，就需要考虑减仓了。

（2）"进的小于二"，进而发生翻越，代表趋势已经由减弱演变成了反转，这时要把自己的思想顺着新趋势扭转过来。人的思想有惯性，为了抑制这种人性弱点，在操作上，一旦价格突破翻越点，就先顺着新趋势做笔单子（先把书包扔过去），用屁股决定脑袋的弱点战胜惯性思维的弱点。

每次入场都要先区分是顺势还是逆势，如果是顺势，就要忍受区块翻越前的回撤；如果是逆势，就必须时间止损、小富即安。当然，这是理论上的操作，可以只选择赚顺势的钱。只是万一没有控制住情绪，在入场后才意识到逆势操作了，就要用"时间止损、小富即安"的逆势策略来挽救。

## 投资生存 = 顺势而为 + 严格止损

千万不要拖延止损，让小亏变大亏。

稳定盈利 = 小亏 + 小赚 + 绝不大亏 + 偶尔大赚。

虽然每个人都是怀着一颗赚钱的心来到资本市场的，但要想真正学会赚钱，先要放平心态，学会不大亏。要想不大亏，首先要学会严格止损。就像打拳击，首先要学会的不是去打别人，而是挨打，先增强体质，不被对手一拳击倒。投资也是一样，要赚钱，先要学会保住本金，不然，一把亏光，连翻盘的机会都没有了。

有太多次，本来已经设置好了止损，本来开始只是小亏的，但因为没有严格执行，拖延止损，结果亏损扩大，心态变差，由后悔变得愤怒，最后变成了一个赌徒。不过，有时也真的会靠运气，在没有执行止损后，竟然扭亏为盈，还会感到很庆幸。正是这种靠运气赚钱的交易，让我们不但没有认识到自己已经逆势，而且还养成了不去执行止损的侥幸心理，想着像上次一样，市场会再给一次解套的机会。然而，靠运气赚的钱，终究不会长久，而且会加倍奉还给市场。靠运气赚钱，真的不是好事，它会让你违反交易原则去操作，为大亏埋下隐患。

再确定的赚钱机会，只要不是自己交易系统内的交易，就决不操作。这不仅仅是钱的问题，还会让你养成不执行交易规则的坏习惯。除非你的交易系统扩大了能力边界，这个机会已经纳入了你的交易系统，否则，不是交易系统内的机会，主动错过或者放弃，它会让你养成坏习惯。

投资生存的两大基本原则是：顺势而为，严格止损。

（1）顺势而为。顺势先找势，找势看翻越。只有顺势了，才能把握大胜率。当然，顺势的前提是找到势，这就要好好在实战中运用"区块翻越、趋势反转"的区块法则。只要区块发生了翻越，就绝对不能做逆势交易。区块翻越点才是趋势改变点。如果思想扭转不过来，就先逼着自己做笔顺应新趋势的交易，用实盘仓位扭转自己的思想。

趋势来，应之，随之；旧势去，新势来，亦应之，随之；无趋势，观之，等之。

（2）严格止损。只有严格止损，才能完成稳定盈利公式中的

"小亏"和"决不大亏"，只有这样，我们才能控制住最起码的风险，不然，就会放任亏损，出现大亏，甚至爆仓。

要想做到严格止损，从心理上，还应该遵循另一个原则：无多空。

我们不能先入为主地预测市场，你越相信一个预测的逻辑，你就越不能从里面跳出来，一旦被证明错误，就会钻牛角尖。自己有时明明知道"不言顶，不测底"，但非要去预测底部，觉得下行的空间不大了。可是，你怎么知道不大了？美联储的底线你知道吗？央行的底线你知道吗？2019年，你以为猪肉带动CPI起来后，央行要收紧，实际上并没有；2020年，你以为央行刚降准，不可能马上收紧，实际上就是边际收紧了。你的这些思维，都是历史上发生过的、教科书式的常规逻辑，但一轮政策周期要跨越好几年，上一轮央行的政策目标是盯就业，下一轮可能就是盯汇率，再下一轮可能就变成盯通胀。所以，政策目标不一样，投资的逻辑也不一样。虽然经济周期、金融周期都是循环往复的，但每次的故事逻辑都是不一样的。我们不能被市场逻辑带动，那只是推动行情前进的一个个"谎言"罢了，证实了能怎样，证伪了又能怎样？这都是市场选择的结果，不是消息推动的结果，更不是我们预测的结果。

就像股票牛市每次的大逻辑一样，2000年是互联网，2007年是大宗商品，2015年是TMT，2020年是白酒消费。每一轮的上涨主逻辑都不一样，但每一轮股票牛熊的周期都一样。我们不能用上次的逻辑套用这次的行情，我们不是去主观预测哪个板块能跑出来成为主赛道，而是哪个板块跑出来了，我们就顺势去追哪个板块。不主观预测，只被动跟随。

所以，我们不要按照某一个常规的逻辑去解释和预测一个问题，而要清空自己的脑袋，无多空、无逻辑、无思想地去顺势、去应对。

# 第 7 章

# 只做看得懂的行情

在懂的行情里搏杀，你是猎手；在不懂的行情里搏杀，你是猎物。

懂的行情要主动识别抓住，不懂的行情要主动错过。

只赚该赚的钱，不该赚的钱决不眼红，一概放弃。

彻底的放弃，彻底的遵守，彻底的执行。

像个技术工人一样，赚手艺的钱。

不要追求体系的完美，而要追求执行的完美。只要严格执行，宠辱不惊，再不完美的体系也终将变成赚钱利器。

## 赚能力范围内的钱

### 只做看得懂的行情

什么机会都想抓住，什么机会都不想放过，结果什么机会都抓不住，而且还当韭菜被人收割。什么机会都想抓住，所以当我们发现错过行情时就会懊悔痛苦，在建立自己的交易系统时总想涵盖所有的情景和波段。其实，在这个市场中，我们是来赚钱的，要想赚到稳定的收益，我们必须要把自己定位为技术工人。要想做市场里的技术工人，就要知道自己懂哪门技术，用自己懂的技术赚自己该赚的钱。其他的钱不是自己的技术和能力范围内的钱，就不是自己该赚的，是别人该赚的。这些钱也不是说你不能赚，而是需要你先学会了新的技能，扩大和提高了自己的专业技能，才能去赚。否则，看不懂的行情，就不要去参与，那里没有你能赚的钱，所以也不要因为赚不到而眼红和懊悔。不懂的行情要主动错过。

霍华德·马克斯在他的著作《投资中最重要的事》中有这样一个观点："投资最重要的是避免失败，而非抓住每一次成功！"

在懂的行情里搏杀，你是猎手；在不懂的行情里搏杀，你是猎物。

懂的行情要主动识别抓住，不懂的行情要主动错过。

主动错过不懂的行情，就是主动不做别人的韭菜。主动抓住看得懂的行情，就是主动去割别人的韭菜。

当然，很多时候虽然我们看到了符合自己交易原则的行情，但因为担心"假象"，而犹犹豫豫不敢出手。其实大可不必犹豫纠结，虽然看得懂的行情是小概率事件，但我们不能因为事件概率小就不去执行，只要事先做好应对小概率事件的策略就好了。

市场重演的不是图形，而是人性。而人性是亘古不变、有规律可循的。所以，每轮涨跌的故事逻辑都不同，但结局却大同小异。

那么，什么行情是看得懂的行情？就是那些可识别、有明显特征的情景或走势，这需要我们自己去总结、运用和修正，最后融会贯通、知行合一。

想要完全掌握一种手法，至少需要实盘训练半年，才能消化里面的一些细节。总结一招，就要猛练一招，不然我们根本不会了解到其中的优缺点和适用场景。例如，2017 年我学习到了时间止损，但在运用的过程中才发现，时间止损更适用于逆大势操作，而不适用于顺大势的场景。

## 像个技术工人一样，赚手艺的钱

做投资是一门技术活，我们要像个技术工人一样，手里有门技术，今天出去有活，那就赚点钱回来，没活就歇着等活，但只要有活，那就凭自己的那门技术赚钱回来。比如你是装修市场上的一名工人，你可能会一门或多门技术活，比如电工、瓦工等，今天出去有电工的活，就赚电工的钱，有瓦工的活，就赚瓦工的钱，或者有别的手艺去赚别的钱，但你一定不是所有手艺都会。这就决定了，在装修市场中，你只能赚到属于你的技能的那部分钱，也就是你能力范围内的钱，不是你懂的，就不要去参与，不但赚不到钱，还会给人搞砸而赔钱。当然，不懂的技术可以去学，但你要先交学费，学成之后，才能扩展一门技术，成为你一门新的赚钱手艺。

我们做投资也要将其看成一门手艺，需要先交学费，学成出徒之后，才能靠这门手艺去赚钱。绝大多数人在进入这个市场之时，虽然都是抱着赚钱的心态去的，但不是靠一门手艺去赚钱的。本来学一门手艺要先交学费再赚钱，但进入资本市场的人却想直接赚钱，完全没有先交学费进行学习的意识和心态。所以，从一开始就满仓、重仓，全天候地在市场中搏杀。亏了捶胸顿足，即使不亏损只是错过也悔恨不已。他们试图赚到市场上每一次波动的钱，回头看 K 线，赚不到就不爽、不开心。

如果我们能有先交学费学技术，再凭手艺去赚钱的意识，就会做到：①只拿出一小部分资金当学费，在市场中学习进步；②以掌握一两门赚钱的技术招式为目标来学习，而不是眉毛胡子一把抓，什么招式、什么形态都想学，要学一招、练一招，直到熟能生巧地掌握后去赚钱；③在掌握一门或几门技术招式后，就知道了自己的能力边界，就会耐心地在市场中"等活儿"，什么时候市场上出现了自己懂的行情，什么时候再去接这个活儿、赚这份钱，不出现就不出手。

## 老板、职员、小时工 = 大鳄、老手、散户

公司的老板或高管拿递延的年薪，普通职员拿稳定的月薪，做小买卖的拿不稳定的日薪或时薪。做小买卖的看似每天忙碌，遍地是机会，但实则赚的是小钱。同样，在金融投资市场每天的涨涨跌跌中，充斥着各种消息和躁动，每天、每个小时都有赚钱

的机会。

（1）小时工心态。刚入市的新手，怀着发财的梦想，拿着历史图形一看：如果在这个点进，在那个点出，唉，这就发财了。然后，拿着资金、听着消息、看着盘面，大进大出。而且一买就想赚，不赚就不爽，想赚到市场每次波动的钱，整日沉浸在市场的搏杀之中，每时每刻都想盈利赚钱。但最终的结果却是占小便宜吃大亏。

（2）职员心态。普通的专业投资者，已经在市场中经历了较长时间的洗礼，被市场多次打脸后发现，做超短期的交易，太容易左右打脸了，天天高度紧张地盯盘，不但累死累活，还赚不到钱，甚至跑不赢大盘指数。随着经验和专业知识的提升以及投资体系的完善，交易的频率和心态就会改变，已经不再奢望能抓住每次波动的机会，而是期待着能够获得更加稳定的盈利，哪怕一年只抓一两次机会都行。虽然在吃过亏之后，交易的频率会降低，也不会期待一下单就赚钱，但还是避免不了被市场情绪带动，而左右摇摆。即使建立了自己的投资体系，也没有自信坚持入场前就已制定好的交易计划，甚至早已抛在脑后，被市场情绪带飞，散户心态依旧如影随形。

（3）老板心态。金融大鳄们不期待马上兑现，而是用更加深远的逻辑和体系，去抓大机会赚大钱，完全不会在意每天的涨涨跌跌，他们在意的是影响趋势波动背后的逻辑是否改变。当然，这种"抓大机会赚大钱"的操作并不是以持有时间长短为标准的，而是以其入场逻辑是否成立为依据的。如果入场时的逻辑没有改变，就坚定持有，如果发生了边际上的变化，那就不拖泥带水地出场。忽略掉暂时的小波动、小亏损，最终的结果是吃小亏、占大便宜。

美股在 2020 年 2 月底暴跌，巴菲特以每股 45 美元的价格"抄底"了蝉联"全球最赚钱航空公司"名号多年的达美航空。在 3 月底，巴菲特还坚称他不会卖出伯克希尔持有的美国航空股。在 2020 年 5 月 3 日的股东大会上，巴菲特称伯克希尔已经卖出了美国四大航空公司的"全部持仓"。很多人说巴菲特已经不是那个长期投资者巴菲特了，也开始做波段和短线了。其实，我们不能以持有期限的长短为依据来判断人家是不是长期投资者，而应该是以他长期投资的逻辑及其变化为依据来判断。巴菲特对航空股的看法有三次变化：不看好航空业—看好航空业—又不看好航空业。第一次"不看好"，是因为这个行业的产品高度同质化，而廉价航空的诞生又让竞争愈发无序，因此没有谁能够真正建立护城河。第二次"看好"，是因为在 2008 年经济危机后，美国航空业的参与者大幅缩减，龙头公司市占率提高，出现了垄断带来的超额利润。第三次"不看好"，是因为对疫情的预测以及由此延伸出来的一系列事件，可能就是逆全球化。不管怎样，既然逻辑已经发生改变，为什么还要持有，甚至为了最不值钱的面子而持有呢？这才是真正的"股神"。

## 彻底的放弃，彻底的遵守，彻底的执行

这里的彻底指什么呢？就是完全杜绝一切不符合自己交易系统的建仓平仓行为，不抱一丝一毫的侥幸和幻想，不折不扣彻彻

底底地执行交易系统。可惜的是，绝大多数失败者都被挡在这里不能再向前迈出一步，即使有再好的交易系统、再好的心态、再好的智慧，在利益的诱惑面前，也统统起不了作用。

许多失败的人百思不得其解，经历了那么多年的历练，交了那么多学费，为什么依然还是亏损？尝遍了各种方法，见识了各种亏损，积累了各种图表，发现了各种规定，感觉快要云开雾散时，在接下来的操作中又再次失手。失败已经是家常便饭，没有任何新鲜感，都是在过去屡屡出现的情形，追涨杀跌不止损，直线思维不调整，心浮气躁不沉着。不管定了多少规矩，当开始操作时，就忘得一干二净，反而被心魔控制，被贪婪恐惧绑架，被侥幸幻想支配，结束操作时又追悔莫及、唏嘘不已，日复一日，年复一年，就这样一遍遍重复着悲剧，却始终改变不了。许多人注定一生与期货的成功无缘，无论你付出多少，坚持多久，都不会看到成功的一天，因为有两个字你做不到，这就是彻底。

什么是彻底？简单讲，只赚该赚的钱，不该赚的钱决不眼红，一概放弃。问题出在，我们是做期货的，就是冲着暴富的可能而来，只要是钱，都想赚，只要是机会，都想把握。眼睁睁地看着一波行情过去而无动于衷，让白花花的银子在眼前晃来晃去而视而不见，试问，你真的能把持住吗？许多人倒在这里，不是没有规定，而是规定在诱惑面前常常不堪一击。面对行情，你的侥幸、冲动、幻想往往主宰你的一切，至于是不是自己该赚的钱想都不想了，想的只是不要错过眼前的机会，马上建立仓位，这样心里才会踏实，否则会痛苦万分。

以均线作为交易系统为例，当你的系统规定了以均线相交为建仓平仓的依据时，不相交就不能建仓。可是一开盘均线就呈现为多头排列，行情继续上涨，这时候均线并没有相交，你要不要建仓？还有盘中时你看到某一品种强劲上涨，均线也已经为多头排列，这时候你要不要追进去？正是这些构成了对期货人真正的考验，迈不过去就不可能成功。而靠什么才能迈过去？唯有彻底。既然你规定了均线相交才能建仓，那么凡是不相交的情况，就一律不得建仓，必须彻底放弃，不能再抱有半点侥幸。

你如果还是不能彻底地放过那些不属于你交易系统的机会，还是用侥幸寻找着成功，那么你将永远找不到成功。而只有彻底的放弃、彻底的遵守、彻底的执行，才是你走向成功的唯一选择！无论你过去做期货有多久，赔了多少钱，悟了多少道，只要你今天还在亏损，那请你记住一点：唯有彻底才能成功，否则你永远走不出失败的怪圈。当然了，想做到彻底并非易事，但思想上如果没有进一步的突破和更清醒的认识，成功将永远遥不可及。

上述内容源自一篇网络文章《唯有彻底才能成功》，虽不是什么投资大师所悟，但我与其有强烈的共鸣。

我们常说要赚能力范围内的钱，那么，什么是"能力范围"呢？其实就是你自己的投资系统和原则，你是依据什么来下单的。当然，投资系统只是你投资能力的一部分，真正的能力更多地表现在对交易系统的执行上。往往不是系统不够完善，而是我们不能严格执行，该入场的时候不入场，该止损的时候不止损，太多太多的操作不是按照交易原则来做的，而是被市场情绪裹挟着做的。

任何投资交易系统都不会100%盈利，投资就是在一定条件下试错。对了，让利润飞；错了，止损跑路。既然都是试错，就不要有执念，不要去预测。有了预测，你就想证明你是对的，就不愿意承认错误，就会产生执念，与市场作对。既然都是试错，就要勇敢地去试，只要入场条件成立，就试，不要犹豫、纠结、害怕，就是要抱着错了止损跑路的心态，没有执念地、没有预测地、不要面子地出入市场。

人们常说，会买的不如会卖的。进场容易，出场难。很多人是靠感觉和冲动进场的，一旦进入，就被人性控制，小赚大亏，多数都会怀着悔恨之情亏损离场。而有交易系统并以此为依据入场的，即使已经制定了出场计划，执行出场还是一件难事，"涨了，有恐慌"会让你小赚就止盈，"跌了，有希望"会让你亏了不止损。所以，如何离场，在什么情况下离场，是比入场更重要的问题。

入场的目的是赚钱，而离场的目的就是如何实现赚钱。稳定的盈利就是小亏、小赚、绝不大亏、偶尔大赚。按照我的"区块链"策略，入场就是在"回踩、支撑、突破"时顺大势入市。正如前面所言，这都是试错的过程，谁都不能确保这三个动作入场后就一定能赚钱。既然是试错，入场时就一定要做好什么情况下离场的计划。要更加坚定地执行"横盘、假假、二次"三个离场动作，不然人性弱点会驱动你"截断利润，放大亏损"。

"宠辱不惊，去留随心，只要具备了这种素质，再不完美的规则也终将演变成抢钱利器。"《海龟交易法》中的均线交易原则很简单，但只要严格执行一样能赚钱。我的"区块链"交易原则也不差，虽然并不完美，但缺乏的不是更多的信号，而是严格执行。任何交易原则都不是完美的，都只能赚取市场中的一部分钱。所以，实战中不要追求体系的完美，而要追求执行的完美，只要严格执行，宠辱不惊，"再不完美的规则也终将演变成抢钱利器"。

很多时候，我们是在不断地给自己的交易系统做加法，在失败中反思出或总结出一个投资规律，就去执行，失败后就再总结，再往系统里加。但实际上，大道至简，规则太多，往往会阻碍你的执行，因为很多信号或规则之间是相互矛盾的。有 10 个信号，8 个满足入场，2 个不满足，甚至会提示出场，你到底要不要执行？10 个信号很少会同时满足，信号越多，越让你犹豫纠结。不要试图让体系完美，它永远不会完美。投资就是玩概率，就会有对有错，就是在某个游戏规则下的不断试错，关键还是在执行上。

只赚该赚的钱，不该赚的钱决不眼红，一概放弃。

彻底的放弃，彻底的遵守，彻底的执行。

我们常常会怀疑自己到底适不适合做投资。总结反思了那么多，为什么还是亏损，还是不能稳定盈利？症结就是没有做到"放弃、遵守、执行"这六个字，我们总是在"反思—亏损—再反思"的恶性循环中打转。以前总是不理解，别人是怎么在一个不确定的市场中获取稳定收益率的。其实就是严格执行交易系统规则，"只赚该赚的钱，不该赚的钱决不眼红，一概放弃"。不要每天沉浸在市场中，靠着情绪进进出出，而要依靠自己的交易规则。不符合入场原则，坚决不入场，（不）符合出场原则，坚决（不）出场，一切按照规则行事（制定交易计划，执行交易计划），不是自己规则赚的钱，"决不眼红，一概放弃"。

即使按照交易原则出入场，我们也常常会在时机尚未完全成熟、火候还没有到时，就按捺不住内心的冲动，提前入场或出场。这是"跌了，有希望"的人性弱点在起作用，这是一种怕失去机会的抢顶心态。要想避免这种心态，就要有平和的"宁可错过，不可做错"的投资意识。只要尚未符合出入场条件，就坚决不出手，宁愿错过，不可做错。错过就不要后悔和可惜，市场最不缺的就是机会，耐心等待下一个入场点就是了。"做错"不是指亏钱，而是指不按交易原则出入场。作为专业投资者，亏钱要亏得明明白白，这样才能修正我们的投资框架和决策过程，做到以知促行、以行促知；而赚钱不能赚得稀里糊涂，靠运气去赚，靠实力去亏。

市场每时每刻都有赚钱的机会，但只有你投资规则内的钱，才是你应该赚的，其他的钱是属于别人的。赚自己投资规则内的钱，就是赚能力范围内的钱，如果入场出场不是按照自己的投资规则进行的，那就是你能力范围之外的操作，也就是别人能力范围内的，你也就成了别人的韭菜。在规则内做交易，就是割别人的韭菜；在规则外做交易，就是别人割自己的韭菜。所以，我们不需要每天在市场中进进出出，只有市场走势符合了自己的投资规则，才能进场，并且在规则下止损、止盈出场，去赚属于自己的那份钱。对于不符合自己规则的走势图形，要彻底放弃，千万不要被市场情绪带动而眼红别人。回头看，都是赚钱的机会；往前看，只有自己的规则才是自己的机会。

# 第 8 章

# 只赚"进二退一"的钱

稳定盈利 = 小赚 + 小亏 + 偶尔大赚 + 绝不大亏。

人性会强迫你交易，让你冲动入场，让你在市场中左右搏杀赌红眼，越做越频繁，越没有理性和章法，胡乱操作一气后，黯然离场。这就是靠感觉交易的结局。

放平心态，不急着赚大钱，不冲动入场，有意识地空仓。只有心态平静了，才有耐心去空仓等待入场机会，才能更加严格地执行交易系统。

下一笔交易的入场，与上一笔交易无关，只与交易系统的信号有关。只要新的信号出现，就入场，没有，就等待。

作为买方，最重要的不是如何预测市场，而是如何应对市场。我们不应该先入为主地去预测市场，而是要客观中性地去倾听市场，感悟市场的多空力量和方向，然后顺势而为。

# 学会稳定盈利

## 只赚"进二退一"的钱

只赚顺势的钱，只做看得懂的行情。如果仅从技术角度看，我们还可以再把范围缩小一点，可以只赚"进二退一"的钱。在一波趋势性行情中，往往会出现"进二退一"的规律，推动趋势前进，那么，我们可以以此为标准形态，在"退一"时入场，在"进二"时止盈。

"进二"本身就代表了趋势，所以，赚"进二"的钱，就是赚趋势的钱。从"区块链"策略来看，入场点有三个：回踩、支撑、突破。一次回踩和二次支撑都是回撤后入场，这两个机会明显顺大势逆小势，入场点就是一次回踩前区块阻力点和区块内二次支撑阻力线，这时的盈亏比最大，如果"进二"趋势成立，那么利润空间就是"进二"的空间。另一个入场点是"突破"，即顺大势突破区块阻力线，我们顺大势顺小势入场，这时盈利空间只是"进二"的一半，因为前一半已经"进一"了。

所以，顺大势赚"进二"的钱，一次回踩点和二次支撑点是最好的入场点，其次才是突破点。在回踩点和支撑点入场后，止盈点有两个，一个是盈利空间小的区块的阻力点（进一），一个是盈亏空间大的"进二"点。

正如之前总结过的，逆小势也是逆势，也需要等待斜率的降低，甚至小势右侧拐点的出现。那么，在等待斜率下降甚至右侧拐点出现时，必然要错过最好的入场价位，这是我们降低逆小势操作风险所必须承担的成本。难道我们错过最好的位置，就一直不去追了吗？当然不是，但是也不能在入场条件尚未成立时，就在中间找一个前不着村后不着店的点位随意入场。可以设置一个较为宽泛的右侧入场区域，即支撑点与小区块 1/2 位置之间的区域。如果在小势右侧拐点出现后，已经越过了区块的一半，就没有追的必要了。因为市场有可能在区块的对岸受到阻力，越过区块中间线，就表示区块内的盈亏比小于 1。当然，1/2 是最宽泛的区域，是一个底线，更好的入场区域在拐点至区块 1/3 位置之间，因为此时区块内的盈亏比大于 2。当然，可以设置更小的区域，因为越接近支撑位入场，盈亏比就越大，但也容易在错过后不敢去追，而错过后市更大的行情。

其实，也没有必要太纠结，设置好一个入场区域，放平心态，严格执行就好。我们只去赚看得懂的行情，如果错过了回踩或支撑的最佳入场区域，就不要强求入场，主动错过这个机会，直接等到"突破"时再顺大势顺小势入场。突破后，虽然没有区块内那么明确的阻力线，但我们以"进二"为参照，区块内顺势突破属于进一，突破之后再进一，两者之和便是"进二"。所以，突破后的入场区域，同样可以选择突破点至突破区块 1/3 位置之间的空间，再往后，就主动错过。

## 赚"退一"的钱（逆势）

赚"退一"的钱。"退一"本身就代表了逆势，所以，赚"退一"的钱，就是赚逆小势的钱，但前提一定还是顺大势。有些账户的性质决定了该产品只能单方向做多，那么，在熊市中，任何做多操作都属于逆大势。然而，如果实在需要逆大势去做点波段交易，以增厚一点产品的收益，可以拿出来很小量的仓位来操作，决不可重仓。当然，有很多时候是我们的思维还没有转过弯来，或者说是趋势已经变了，但我们还没有发觉，甚至主观上不愿意承认。无论是主观的误判，还是有意的逆势，"退一"的钱理论上是都能够赚到的。但这是刀尖上舔血，仅做参考，必须要注意以下几点：

（1）大盈亏比。逆大势本来胜率就小，所以，越是逆势，越要有大的盈亏比作保障，这样才能对冲小胜率带来的损失，没有大盈亏，宁愿错过。这就需要在逆大势时，入场点一定要尽量接近阻力位。如果在"进二退一"的趋势之中，那么，就要在"进二"后的那个点，在斜率已经走平之后入场。如果本身在区块之内，那就要尽量在接近区块阻力线、斜率已经走平的位置入场。当然，趋势中"进二"后的盈亏比要大于区块内"进一"后的盈亏比，而且本来在趋势下的阻力位就容易被突破，所以，在逆大势操作时，就只做盈亏比大的"进二"后的"退一"，这有点逆势抢个反弹的意思。

（2）做右侧。收益率上行的趋势斜率已经明显趋平，甚至拐点已现。其实，在做右侧和大盈亏之间是有些矛盾之处的，做右侧会降低盈亏比，所以，我们要选择在斜率走平但拐点没有拐得太深时入场。

（3）时间止损。逆大势，一定要把时间止损加入操作计划，

2.5 天内未被证明正确，立刻先跑。

（4）小富即安。赚点就跑，千万不要幻想，最好也是最晚的止盈点是回踩前区块的时候。

## 稳定盈利 = 小赚 + 小亏 + 偶尔大赚 + 绝不大亏

从上大学炒股开始，我在资本市场已经摸爬滚打了十几年，有太多失败的经验教训，其中一个是不知道什么是投资能力。什么钱都想赚，却什么钱都赚不到，这就是典型的韭菜心态和结局。完全不知道自己的能力边界，什么行情都参与，顺势的钱想赚，逆势的钱觉得也能赚，其实都是看着历史走势线性外推出来的钱。每个人回头看着历史 K 线图操盘，都是股神。"如果我在这个点买入，在那个点卖出，我就能赚多少多少钱！"正是这种看着历史数据臆想，才让我们陷入了什么钱都想赚、认为什么钱都能赚的困局。

为什么在资本市场上赚不到钱？就是因为我们不知道自己的能力边界在哪里，什么形态是自己看得懂的，什么钱是自己能赚的。多数时候我们是靠运气赚点钱，然后又靠实力连本带息地亏出去了。而且绝大多数进入资本市场的人，都抱着一种暴富的心态去操作，在暴富心态和 K 线臆想的共同作用下，像赌徒一样赚了还想赚，亏了立马想捞回来。市场像个赌场一样，时时刻刻勾引着我们在里面博杀，一刻也不想离开。

回想起来，如果我们的心态能放好一点，甚至是小富即安，就不会很着急，也不会时时刻刻在市场中操作，而是看到自己懂的行情就操作一把，不懂的就不参与。如果完全不懂，就完全不要参与，因为进去就成了靠实力亏钱的韭菜，除非你是拿出一点钱当学费进来实战学习的。

要想在资本市场中获得稳定的收益，我们要做到以下三点：

第一，放平心态。必须先把心态放好，要选择稳定，就不能选择高收益，就需要降低我们自己的心理预期。

第二，不要大亏。确保不要有大的亏损，入场前就要设置好止损，并严格执行。

第三，只做看得懂的行情。当然，并不是说看得懂的行情就一定赚钱，只是概率略大些罢了。即使是看得懂的行情，也有亏的时候，所以必须在入场前就设好止损，防止大亏。老手常说的"做投资首先要控制好风险"正是此意。最简单的理解就是，不要大亏。当然，我们也不能让大亏碎片化，要做到这一点，还是"只做看得懂的行情""只赚顺势的钱"。很多时候，之所以大亏会碎片化，就是因为我们盲目地参与了自己看不懂的行情，凭着感觉在市场中进进出出。甚至在亏损后，恼羞成怒地完全忘记了交易规则，只想立马扳回来，进而乱了阵脚，对自己看不懂的行情，也胡乱参与。还有一个让大亏碎片化的操作就是逆大势，跟上面的心理状态一样，都是不认错、赌。其实，当有这种赌的心态时，即使出现了看得懂的行情，也应该主动错过，因为即使看得懂也容易出错，还不如不做。

为什么我们总是小赚大亏？稍微有些浮盈，就怕利润跑了，一个震荡就下车跑路；而亏了却死扛不放，整天幻想明天或许能回来点，结果越亏越多，小亏变成大亏，最后精神崩溃悔恨离场。这是完全被人性驱动的操盘结果，要么没有交易系统，要么就是人性战胜了系统，交易系统成了摆设，没有得到真正执行。

如果我们入场时选择高盈亏比的点位入场，并坚定执行止损，就能够首先确保不大亏。而为了能够保持一个高盈亏比，需要做到：①入场点不远离支撑位或突破位（即止损位），"进二"后不追；②主动错过没有抓住的机会，不要懊悔，要耐心等待下一个入场点的出现；③坚定执行。

做到以上三点，就能做到绝不大亏。

对于小赚就想跑的问题，我们要做到：①只赚顺势的钱，要顺势而为；②只赚"进二"的钱；③相信趋势不容易改变。

做到以上三点，就能做到偶尔大赚。

在长期投资中，要想获得稳定盈利，就要放弃暴富的心态，稳定就不会暴富，暴富就不会稳定，所以要降低收益预期。在把心态调整好的情况下，常态就是小赚和小亏，在确保不大亏的情况下，偶尔赚个大的，比如一年只赚一两次大钱。这样我们就能做到稳定盈利。

当然，必须再次强调的是：小赚，不是让你靠"涨了，有恐慌"的人性弱点小赚就跑，而是要放弃暴富的心理，放平心态，按照"区块链"策略或其他分析方法，在自己的能力范围内，赚自己看得懂的钱。不要眼红别人赚的钱，那是别人能力范围内的钱；亏损了，不要幻想，坚定止损，确保不大亏。

稳定盈利＝小赚＋小亏＋偶尔大赚＋绝不大亏。

# 学会空仓

## 强制自己长时间空仓

一位成功的投资者曾总结自己的投资原则：

（1）我一年里 80% 以上的时间都是空仓的。

（2）趋势有三种——上涨、下跌、震荡。我只做下跌，就是只做空，这是我最擅长的，我只做自己最擅长的。

（3）当我选择入场时，要确保投入和回报比大于 1:9。

（4）不以任何消息作为决策的依据，只看市场的走势来决策。

（5）强制自己长时间空仓，只抓确定性高的机会。

（6）把资金管理放在第一位，把技术放在第二位，把基本面放在第三位。首先确保本金安全，确保大部分开仓都能赚到钱（一开始亏就要止损），其次通过技术分析找到买卖点，最后才是研究基本面选股票（主要选行业）。

我自己也有同样的体会：

（1）"80% 以上的时间都是空仓的"。这个是我曾经没有想过的。竟然有人 80% 的时间是空仓的，而且还"强制自己长时间空仓"。虽然没有想到，但却很有共鸣。这种共鸣来自前文的感悟：

稳定盈利 = 小赚 + 小亏 + 偶尔大赚 + 绝不大亏。正是这个公式，让我放平心态，做到小富即安，把日常交易中的"小赚"当成常态。只要是按照原则出入场的，小赚了，即使后面还有空间，也不后悔，因为那不是自己能力范围内的钱，而是别人应该赚的。把心态放稳后，确实做到了稳定地盈利。自己看不懂的机会，就耐心地等待；小赚了就跑，亏了就严格止损，绝不大亏。因为没有了总想大赚一笔的念头，心态也平稳了，入场也不那么随意和着急了，就能更好地执行自己的"区块链"策略。而且，有了这种多数时间空仓的心态，就会更冷静，不会为错失机会而焦虑。有段时间我就是这样操作的，在大概 4 个月时间里，盈利约 40%。

总之，放平心态，不着急赚大钱，不要冲动入场，而要有意识地空仓。只有心平静了，才有耐心去空仓等待入场机会，才能更加严格地执行交易系统。

（2）"只做空""只做自己最擅长的"。虽然我不会只做空，但只赚顺势的钱还是适合我的。别人可以只做一个方向，而我是两个方向都可以做。如果一个趋势、两个方向都做不到，那就太不应该了。

（3）"投入和回报比大于 1:9"。在顺大势、保证大胜率的情况下，确实应该让盈亏比尽量大些。不过 9:1 这个盈亏比确实比自己平时操作的要大很多，而盈亏比越大，入场条件就越苛刻。很多时候，因为没有"80% 以上的时间都是空仓"的心态，才在入场条件没有完全成熟时就冲动入场，生怕错过赚钱的机会。如果我们有了多数时间空仓的心态，就会更有耐性去等待时机，即使因为苛刻而错过赚钱的机会，也能够以一个好心态去等待下一次入场时机。

（4）"不以任何消息作为决策的依据，只看市场的走势来决策"这句话其实就是抛弃了基本面的分析和预测，只相信市场的实际走势。这与我"不做逻辑"的思想是一样的。首先我们预测不到消息，其次我们预测不到人心（消息出现后市场会做出什么程度的反应），所以，我们就没有必要去预测，只看市场的走势来决策就可以了。

（5）"强制自己长时间空仓"。这句话我头一次听说，但也深有体会。市场上的机会很多，但你能看懂的、符合你交易体系的机会不多。即使符合，还有个概率的问题，再是你的菜，也是一次试错。我们要有主动长时间空仓的预期和准备，才能在交易中放平心态，冷静地等待市场中适合自己的机会。人性会强迫你交易，让你冲动入场，让你在市场中左右搏杀赌红眼，越做越频繁，越没有理性和章法，胡乱操作一气后，黯然离场。这就是靠感觉交易的结局。

入场前，耐心等待符合交易系统的操作信号，没到那个点，就坚决不动手。但是，一旦到了，就要坚定执行，决不拖延。

入场后，耐心等待离场信号，无论是止损还是止盈，在没有达到交易计划中的离场位置或市场情景时，决不能靠感觉操作离场。哪怕先赚后亏，那也是为了多赚而付出的必要的波动成本。要想赚钱，就不可能一帆风顺，中间必然要承受波动，甚至是亏损。

离场后，无论是冲动性离场，还是计划性离场，过去的都让它们过去。这笔交易已经结束，下笔交易跟这笔交易没有任何关系，不要把上笔交易的盈利或亏损，作为下笔交易入场的原因。下笔交易的入场，与上笔交易无关，只与交易系统的信号有关。只要新的信号出现，就入场；没有，就等待。

（6）资金管理第一，技术第二，基本面第三。资金管理就是之前所述的试盘和加仓。而在把握市场机会上，我是把技术放第一、基本面放第二的。就像前面所说：不以任何消息作为决策的依据，只看市场的走势来决策。我的体系也是把做右侧的技术投资策略作为优先决策的依据，把左侧的分析框架体系（即基本面分析）作为辅助性的依据。用技术投资策略发现趋势，用基本面分析理解趋势。

## 为什么会频繁地做交易

很多人都会非常频繁地去做交易，看起来很忙碌，但其实那是没有能力边界的表现，完全不知道自己的能力边界在哪里，入场出场全靠感觉（人性弱点）驱动。那么，到底是什么感觉在放大我们的人性弱点呢？

### 1. 担心错失赚钱的机会

我们总爱回头看市场，拿着历史K线图，总是后悔没有在某个位置入场或离场，这会让我们产生一定的幻觉，觉得市场处处都是赚钱的机会。但其实每个人的能力都有限，只有赚能力范围内的钱，才是长期的和稳定的。很多时候根本不是你的入场时点，但你就是管不住自己，总想去交易，因为"跌了，有希望"的人性弱点会使你认为赚钱的机会来了。这时我们应该耐心地等待自己交易系统里面的机会，主动错过不属于自己的机会。很多时候，我们也会后悔，明明在那个点位想入场，但因为不符合系统条件而没有操作，导致看到的机会被错过去了。就是这种不在交易系统内的偶然，会引诱你不去执行系统。要么，你把这一类机会纳入你的系统内去执行它，要么就主动错过它，不要把偶然当成自己的能力，你系统内的机会，才是你的能力边界。

资本市场最不缺的就是机会，但只有去抓能力范围内的钱，才能得到真正的财富，否则，靠运气赚到，就会靠实力亏完。能力圈可以拓宽，但市场上的钱你永远赚不完，弱水三千，只取一瓢，我们只赚交易系统内的、能力范围内的那部分钱。不属于交易系统内的机会要主动错过，即使是系统内的机会，就算常常因为犹豫而错失，也不用为此后悔惋惜，错过就错过吧，总比胡乱入场、被人割了韭菜要强，至少本金安全没有亏。没有抓住，说明我们对交易系统的敏锐度或执行力还需要加强，你的综合能力边界还不足以赚到这次机会的钱。错过了，也没有必要勉强去追，尤其是对于已经脱离了入场区域的行情，不要勉强交易。因为越是远离参考线，盈亏比就越差，风险就越高。错过机会，不要惋惜或后悔，我们需要的是耐心，耐心地等待下一次系统内的机会到来。

### 2. 急于挽回先前的损失

当你遭遇连续亏损后，就会进入"亏损—怀疑—放弃"的恶性循环之中，就可能会抛弃你的交易系统。你会丧失理性，像一个输红眼的赌徒一样，不但不会止损离开赌桌，而且还会变本加厉地增加赌注、加快交易频率，想赶紧把亏出去的钱赢回来，这就是报复性交易。

其实，每笔交易都是相互独立的，只是我们人为地把它们联系在了一起。投资本来就是一次次试错，上次盈亏与下次是否赚钱没有任何关系，但人的记忆却在它们彼此之间建立起了联系。上次亏了，下次就想捞回来，本金放大，交易频率放大，完全抛弃或忘记了交易系统，全靠感觉草率进出市场。失去理智的交易，结果可想而知。

有一次操盘国债期货，在遭遇了大亏损之后，我的心态崩了，平时不做日内交易的我也开始频繁日间操作，一天进出市场十几次，但总是小赚大亏。小赚点生怕回调赶紧就跑，而浮亏了却不去及时止损。本来应该止损离场，让自己冷静冷静，再等待系统内的机会。结果自己却怀着报复性心态，迫切地想捞回之前的亏损。

### 3. 为了挽回面子急于交易

为什么总是没有耐心去等待自己"只赚顺势的钱"的机会，总是按捺不住逆势入场的冲动？除了"涨了，有恐慌""跌了，有希望"的人性弱点推动的原因之外，还有一个重要的因素，就是在受到挫折之后，想赶紧捞回来，证明自己正确的心态。这是不认输、不服输、要面子的心魔在作怪。

入场亏损后，很多人不一定在乎物质上的钱，而是在乎精神上面子和尊严。当市场的走势与我们的预期或仓位相反时，市场已经证明我们错了，但我们并不会及时止损，因为认错是一件没有面子的事，生活中如此，投资中也是如此。这时我们会与市场较劲，甚至与"央妈"较劲，会屏蔽不利于自己的消息，而放大有利的消息。实际上，这都是在为自己的面子辩护，不承认错误，不承认失败。我们不要为了面子，在亏损时死扛不认错，或者频繁交易想捞回来；我们应该及时认错，并且忘记它，重新等待交易系统内的入场机会。

任何买卖都要付出成本，投资也是一样，一定的亏损是我们做交易必然要付的成本，放平心态，不要让上一笔亏损影响到下一笔交易的入场逻辑，更不要有报复性心态。

当屡战屡败时，我们的自信心会受挫，会怀疑自己的能力为什么这么差。这还只是自己与自己怄气，调节起来还快些。如果让别人知道了你的多空观点、你的多空仓位，而且知道你做错了、做亏了，那就不仅仅是亏钱、难受和自信心的问题了，而是面子的问题了。人活脸树活皮，这个问题就太大了。面子让我们很难改变方向，因为一变就是认错，自己打自己的脸。更担心的是，刚改变观点，又被市场打脸，来个左右打脸。就是因为担心这个，很多人会死扛不认错。但实际上，面子最不值钱。怎么来避免或者减小这个问题对投资心理的干扰呢？就一条，闭上嘴。你不说，谁知道？可这又违背了人性——人都爱高谈阔论吹牛皮。

其实，作为买方，重要的不是怎么预测市场，而是怎么应对市场。这也就是前面说的分析框架体系和投资策略体系的区别，分析框架体系是用来预测和理解市场的，而策略框架体系则是用来应对市场的。作为投资者，不应该先入为主地去预测市场，而是要客观中性地去倾听市场，感悟市场的多空力量和方向，顺势而为。我们不能用分析框架体系里的几个指标，去强化预测。所以，作为买方，不要到处去吹牛，大谈特谈自己的多空观点，给自己强加上一个思想枷锁，到时你会因面子而不能及时认错。

## 用技术发现方向，用价值挖掘空间

投资中有种流派，有价值派、技术派、趋势派、周期派，甚至还有玄学派、恋爱派。总之，八仙过海各显神通。最近几年在股票市场中价值投资理念盛行，价值投资即是对一个行业或公司的基本面进行分析，并以此为依据，预测未来的成长空间。然而，基本面的分析方法是偏左侧的，可以提前潜伏，一旦获利，空间巨大，然而，它的缺点是，需要你长期忍受和等待被市场的认可和验证。如果被后市验证了还好，但如果被证伪了，那丢失的时间和空间是难以挽回的。这就需要技术派的分析方法来加持，技术分析方法的理念是不预测只跟随，它能够很好地发现趋势，但却不能判断趋势持续的时间和空间，而这正是基本面分析（价值投资）所擅长的。所以，我们可以把两种投资方法相结合，用技术发现趋势的方向，用价值挖掘趋势的空间。

不要让自己单纯地陷入各种逻辑分析中，我们根据各种二手消息分析出来的涨跌逻辑，其实早已是人尽皆知，价值全无，而很多人还如获至宝，根据各种消息或各种逻辑在市场中搏杀。

有一段时间做期货，亏钱的竟然是自己本专业的国债期货，赚钱的反而都是自己并不太了解其基本面的黑色大宗。为什么会出现这种越专业越亏钱的情况呢？自己反思了很久，结论就是，越严格执行交易系统的，越大概率是赚钱的，反之则反是。

自己常说"不要预测市场，而要倾听市场""应对比预测更重要"，但却还是不能完全做到"无多空"，还是会被人性弱点驱使着时不时地去预测市场。为什么总是在预测市场？就是因为有太多的分析和逻辑占据了自己的脑袋。我们对一个投资品种了解越多，应该做得越好才对，但为什么结果却是越熟悉做得越差呢？

首先，分析本身是没有一个完全正确的、程序化的逻辑体系的，可以说"横看成岭侧成峰"，同一个信息，被不同的人分析加工后，得出的结论可能是完全相反的。不单市场参与者如此，即使是政策制定者，也同样如此。过去，当通胀高企时，美联储定会收紧货币政策，然而2021年，全球大宗商品价格屡创历史新高，美国单月通胀率达到了5.4%，但美联储却打破过去的政策思维管理，坚持认为"通胀是暂时的"，并继续维持了当时的无限量宽松政策。

其次，我们分析逻辑的根本出发点并不是客观的。尤其是对于买方来说，这是一个天然的劣势，因为你持仓也好，空仓也罢，每一个动作都是有方向性的，持仓是看多，空仓是看空。我们很多时候是基于这个已经选择了方向的潜意识，来进行分析和推理的，仓位已经让你主观地失去了客观。你对一个品种或行业了解得越多，分析逻辑推理就越强，市场趋势与自己的分析推理方向不一致时，就越难转变思想顺势而为。自己对债券基本面的了解要远多于大宗商品，正是因为这种太多的理解，才让自己在市场方向与自己分析推理的方向不一致时，更相信自己的判断，而非市场的走势，并在内心开始与市场作对。大宗商品的基本面自己不甚了解，而且在信息收集上，也较债券差很多，所以就更加依赖于投资系统中的出入场规则，做错止损时，就更加坚定，因为没有太多的信息噪声或逻辑让自己臆想，只能相信系统信号，该止损时严格止损，该止盈时严格止盈。

既然市场选择出了方向，就代表市场选择了逻辑。是市场选择了你，不是你决定了市场。我们就是要沿着市场的选择，去选择逻辑，而不是把自己的逻辑强加给市场。往往我们靠自己的逻辑推理出的方向是不靠谱的，因为你的逻辑推理的根本出发点，不是你的仓位，就是你的人性（感觉），而人性就是"涨了，有恐慌""跌了，有希望"。

技术分析是以客观的市场走势为依据，来看市场的；而基本面分析，则是以历史情景为依据，来看市场的，两者有很多的不同点和各自的优缺点。那么，难道单纯的基本面分析、技术分析就没有用吗？当然不是，而是我们把基本面分析、技术分析，以及实盘下单的顺序给搞错了。完全的基本面派与完全的技术派都是片面的，而把两者相结合，才能增加实盘操作的胜率。我们正常的投资思维是：分析 – 预测 – 下单。这是左侧思维，试图通过自己对基本面的深刻理解，预测出市场未来的方向，并在左侧提前布局。但存在一个问题，你的预测无论多么有理有据，如果整个市场不认同,那就得不到认可,也就没有趋势。那么,你的左侧入场可能会等待很久很久,中间可能会有大幅的回撤,甚至你的预测逻辑最终被证伪。如果我们选择做右侧,即顺势而为,那就应该"顺势"在先,"而为"在后,先看到趋势出来,再去沿着这个趋势去分析理解这个趋势是否能够持续。说白了就是,用技术去发现趋势,用基本面去理解趋势及其可持续性。把技术分析放在优先位置,把分析放在辅助位置。